KB113423

생각을 건너는
생각

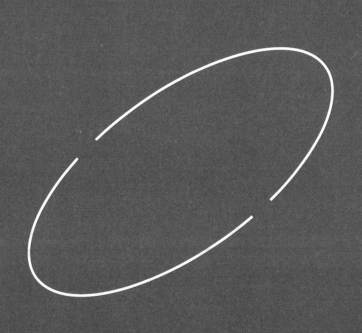

PaTI
X
미지행

공론장 프로젝트

생각을 건너는 생각

뉴노멀 시대를 위한

도전과 상상

INTERVIEWEE 김누리 조병욱 모요한 박태순 조천호 임경 김검흥 나성섭
INTERVIEWER 함돈균 김보람

이상북스

김누리

중앙대학교 독어독문학과와 동 대학원 독일유럽학과 교수이며, 한국독어독문학회 회장을 지냈다. 독일 브레멘 대학에서 독일 현대소설 연구로 박사학위를 받았다. 날카로운 성찰과 미래를 품은 따듯한 감성으로 한국 사회의 현실을 고민하며 대안을 제시하는 우리 시대 대표적 지성이다. 《알레고리와 역사: 귄터 그라스의 문학과 사상》《우리의 불행은 당연하지 않습니다》 등 다수의 저서와 역서가 있다.

조병영

한양대학교 국어교육과와 동 대학원 러닝사이언스학과 리터러시 전공 교수. 현재 뉴리터러시학습연구실New Literacies Learning Lab을 이끌면서 디지털 전환 시대의 '읽는다' 는 현상에 관심을 갖고 이를 인지·언어·학습·문화·기술의 관점을 통합하여 연구하고 있다. 미국 메릴랜드 대학교에서 읽기교육으로 철학박사 학위를 받았고, 아이오와 주립대학교와 피츠버그 대학교에서 교수를 역임했다. 《읽는 인간 리터러시를 경험하라》《읽었다는 착각》 등 다수의 책을 썼다.

문영훈

민족사관고등학교를 졸업하고 영국 옥스퍼드 대학교에서 수학과 컴퓨터공학을 복수 전공했다. 2014년에 비트코인을 접하고 비트코인 알고리즘의 아름다움과 사회구조 변혁의 잠재성에 매료되었다. 이후 2017년 유튜브를 통해 비트코인과 블록체인에 대해 교육하기 시작했으며 '논스'nonce라는 블록체인 커뮤니티를 공동 설립했다. 블록체인 기반의 첨단 조직구조인 분산자율조직DAO의 잠재력을 전파하는 이소스피어Isosphere를 설립해 운영하고 있다.

박태순

국회등록 사단법인 한국공론포럼 대표이자 사회갈등연구소 소장. 서울대학교에서 동물의 사회성sociality 연구로 박사학위를 받고 영국 케임브리지 대학에서 사회성을 연구했다. 국가기관에서 갈등관리 업무를 담당했고, 2006년 사회갈등연구소를 설립하여 갈등조정 업무를 진행했다. 2008년 광우병 쇠고기 사태를 계기로 시민과 주민에 의한 자발적 공론장의 필요성을 절감하고 한국공론포럼을 창립해 '주민 주권 형성을 위한 자발적 공론장 운동' 을 펼치고 있다.

조천호

경희사이버대학교 기후변화 특임교수이며 전 국립기상과학원장. 국립기상과학원에서 30년 동안 일했으며, 세계 날씨를 예측하는 수치 모형과 지구 탄소를 추적하는 시스템을 우리나라에 처음 구축했다. 대기와 바다가 이 세상의 삶과 어떻게 연결되는지 고민하며, 기후변화와 지구환경에 대한 과학적 탐구가 우리가 살고 싶은 세상으로 이끌 것이라고 생각한다. '변화를 꿈꾸는 과학기술인 네트워크' ESC에서 활동하고 있으며, 《파란하늘, 빨간지구》 등의 책을 썼다.

현경

뉴욕 유니언신학교 종신교수. 여성·환경·평화 운동가. 신을 설명하지 않고 표현해 내는 신학적 예술가. '다름' 들 사이에 다리를 놓는 문화 통역사. 해마다 한국을 찾아 '살림이스트'Salimist 워크숍을 진행하면서 자신을, 타인을, 지구를 살리는 살림이스트들을 키워내고 있다. 기독교 신학자면서 숭산스님 문중에서 불교 법사가 되어 종교 간의 대화를 영성적 차원에서 발전시켜 가고 있다. 최근에는 소울 코치soul coach와 힐러healer로 일한다. 《미래에서 온 편지》《결국은 아름다움이 우리를 구원할 거야》 등 다수의 책을 썼다.

김길홍

경제학자이자 국제개발협력 전문가. 마닐라 소재 아시아개발은행에서 21년간 일하고 선임 디렉터Senior Director 겸 부문장Chief Sector Officer으로 은퇴했다. 동남아 지역국, 지속가능개발 및 기후 변화국, 전략 기획국에서 근무했고, 라오스 사무소장을 역임했다. 베트남·라오스·메콩강 지역협력을 담당했고, 에너지·수자원·교통·도시개발·교육·보건 및 금융 정책과 혁신 사업을 총괄했다. 스탠퍼드 대학교 방문학자를 역임했고, 현재 서울대학교 행정대학원 글로벌행정발전연구소 객원교수다.

나성섭

아시아개발은행의 섹터 클러스터 총괄로 교육·보건·에너지·도시·교통·물·금융 등 일곱 개 섹터의 정책 기획 및 조정을 하고 있다. 개도국의 현실을 고려한 사회 개혁에 관심이 많으며, 개발금융 분야에 새로운 지평을 연 프로젝트와 비즈니스 모델을 선도한 혁신가로 알려져 있다. 2020-2021년 코로나 긴급 지원 프로그램을 총괄했으며, 최근에는 기후변화 대응 및 탄소중립 달성을 위한 부문별 전략을 범섹터 클러스터 차원에서 계획·조율 중이다.

INTERVIEWER

함돈균

작가. 러닝디자이너. 여러 대학에서 문학과 철학, 인문고전을 강의했다. 문학평론가에서 문명의 사유자로, 대학의 교육자에서 미래 교육에 관한 러닝디자이너이자 인문운동가로 변화해 왔다. 현재 서울과 제주를 오가며 '시와 영성' 을 주제로 한 비즈니스 다오DAO를 만들어가는 중이며, 제주 구좌읍 세화해변 근처(평대리)에 '시타북빠' 라는 책방을 운영하면서 책을 쓰고, 라이프스타일 비즈니스를 실험 중이다. 문명의 일상에 대한 인문 에세이 《사물의 철학》 등 10여 권의 책을 썼다.

김보람

액티비스트 리서처. 사람과 지역과 커뮤니티를 좋아하며, 연결의 힘을 믿고, 함께 꿈꾸고 탐구하고 도전하길 즐긴다. 세상 모든 삶의 현장을 배움터로 삼고, 그 현장에 있는 이들을 스승으로 삼아, 앎과 가치를 사회적으로 실천한다는 신조로 살고 있다. 현재 서경대학교 공공인재학부 교수, 정치혁신포럼 나우리NOW-RE 공동대표다.

사유 없는 인류, 그리고 생각을 건넌다는 것

어린 시절 기억나는 수수께끼 놀이 중에 '세상에서 가장 무거운 것이 무엇일까'라는 질문이 있습니다. 수수께끼 문답 놀이가 대개 그렇듯이, 그 답은 엉뚱하지만 따지고 보면 또 말이 안 된다고 할 수도 없는 종류의 것이었죠. '자기 눈꺼풀'이 '답'이었습니다. 졸음이 한번 쏟아지기 시작하면 제 눈꺼풀을 치켜올려 눈을 제대로 뜨는 것이 얼마나 어려운지 경험해 본 저로서는 이 대답을 처음 들었을 때 와! 하고 무릎을 쳤던 기억이 납니다.

성장해서 공부하고 글을 쓰고 앎을 사회적으로 실천하는 일을 하면서 종종 이 수수께끼 문답이 떠올랐습니다. 특히 돌파해야 할 지적 난제나 의제에 직면할 때 그랬습니다. 정작 어려움은 어떤 사안 자체보다는 그 사안을 바라보고 접근하는 내 생각의 협소함에서 발생했기 때문입니다. 내 '눈/시야'가 문제였습니다. 이 지적 협소함은 이중의 원인에서 비롯되었습니다. 당연하게도 나의 지적 경험이 다양하지 않고 부족했기 때문이죠. 그런데 기왕 체득된 경험이 문제가 될 때도 많았습니다. 알량한 지적 경험이 사물을 보는 눈을 가리는 경우도 적지 않았으니까요. 무한한 경험이 불가능한 우리는 지극히 한정된 경험을 통해 자신의 시야를 확보할 수밖에 없는데, 이 경험의 유한성에 대한 자각 없이 자기 신념에 사로잡힐 때 우리는 일종의 이데올로기에 갇히게 됩니다. 마르크스는 이데올로기를 '잘못된 믿음'이라고 표현하기도 했습니다.

'생각을 건넌다'는 것은 내 인지 경험의 한계를 확장하는 과정인 동시에 자기 인지 경험에 대한 의심과 객관화를 통해 자칫 빠질 수도 있는 잘못된 믿음을 깨뜨려가는 인식론적 혁명을 뜻합니다. 이를 위해서는 미지의 앎에 대한 열린 마음, 작은 에고를 누그러뜨리고 타자에 자기를 여는 경청의 태도, 즉 자기를 초월하려는 지적 노력이 필수입니다. 작고 좁은 생각으로부터 크고 넓은 생각으로 건너가기, 제 눈을 가리고 있는 눈꺼풀을 치켜뜨고 자기를 넘어서는 이 과정을 시인 김수영은 '줄넘기 작란'作亂에 비유했습니다. 그에게 이 장난은 '사물의 생리와 수량과 한도와 우매와 명석성을 바로 보기'(김수영, 〈공자의 생활난〉) 위한 노력과 다른 것이 아니었습니다.

유감스럽게도 오늘날 김수영이 말한 '장난'은 인간이 서 있는 삶의 극적인 맥락 변화로 인해 시도하기가 점점 더 어려운 일이 되어가고 있습니다. 문명의 '크랙'이 유례를 찾아볼 수 없을 정도로 극단적인 속도로 진행되고 있으며, 그 스케일과 형태는 짐작할 수 없을 만큼 크고 날카롭고 무규정적이어서 인류는 큰 불안에 휩싸여 있습니다. 인간이 겪어보지 못한 수준의 기후재난 상황은 현실이 되었으나 그 파국의 정도는 감히 감당할 수 있는 규모의 것이 아니어서 태풍 앞에 선 촛불처럼 절망적으로 느껴집니다. 그래서 인류는 이 현실을 용기 있게 직시하기 어려워 이에 대해 '생각하기'마저 마냥 회피하는 것처럼 보입니다. 인류적 지혜의 토대를 이뤄왔던 전통적 지식 체계는 말할 것도 없고, 현대적 앎과 인간형을 재생산하는 기제였던 학교로 대표되는 에듀케이션 시스템, 책을 비롯한 사회적 담론 기제들이 이 변화의 양상을 선도하지도 따라잡지도 못하고 있다는 증후들은 이미 여기저기에서 뚜렷하게 나타나고 있습니다.

우리가 처한 지적 상황의 문제성은 '외부 세계'에만 있는 것이 아닙니다. 지식의 영역 횡단, 지식과 지식 간 이종교배, 디지털 정보기술로 인해 앎에 대한 접근성이 엄청나게 높아진 상황에도 불구하고 정보의 표피성과 사고의 자동성을 강화하는 알고리즘적 정보 세계의 도래가 이 시대의 인간을 너 나 할 것 없이 '사유 없는 정보 유튜버'들로 변환시키고 있으며, 인류는 아이부터 어른까지 모두 디지털 세계에 철저히 갇힌 수인囚人이 되었습니다. 20세기 인간들은 노동과 돈을 교환하는 사회계약의 환경 속에서 자기의 낮을 주로 공장과 회사에 자의 반 타의 반 담보했습니다. 그러나 21세기의 현생인류는 명멸하는 0과 1의 가상기호 세계를 끊임없이 부유하며, 낮밤 없이 자기의 모든 시간을 자발적으로 디지털플랫폼 경제의 자본 콘텐츠로 상품화하고 있습니다. 눈을 뜰 때부터 감을 때까지, 태어날 때부터 죽을 때까지, 건강한 사람에서부터 아픈 사람에 이르기까지, 21세기 현생인류의 시선은 거의 모든 시간 실시간 디지털평면감옥을 향해 있습니다. 눈꺼풀은 치켜

뜨고 있으나 사유는 중단된 이 세계에서는 차라리 '눈을 감고 보라'는 제임스 조이스의 문장이 더 절실해 보입니다. 생각은 건너가지 못합니다. 일정한 알고리즘 유통 채널을 통해 생각은 쉐이핑되고 주입되고 공유되고 소비됩니다.

이 책은 지금 우리가 처한 '리얼'real의 상황에 대한 직시를 통해 정신의 눈을 크게 뜰 것을 촉구하는 지적 문답입니다. 특히 지난 3년여간 코로나를 겪으며 인류가 경험한 초유의 시간이 단지 재난이 아니라 인류적 각성이 크게 일어나는, 그리하여 지금까지 인류가 지녔던 편협한 생각, 휴머니즘을 건너 새로운 '온전성의 섬'에 닿기를 바라는 마음을 담고 있습니다. 대전환의 문명적 맥락에서도 꿈쩍 않고 있는 한국의 교육 상황, 공론장 파탄 속에서 후퇴하고 있는 한국 민주주의, 아시아적 시야에서 파악한 급변하는 세계에 대한 관찰, 블록체인으로 대표되는 탈중앙적 기술경제사회의 도래, 삶과 통합되는 인문적 리터러시의 필요성과 미래 교육의 방향, 더 이상 22세기가 보이지 않는 기후재난 상황 등 다양하고 급박한 삶의 의제들을 문명론적 시야에서 '바로 보려는' 노력이 깃들어 있습니다.

대화에 참여한 분들은 각 분야에서 첨예한 문제의식을 갖고 생각의 최전선에서 삶과 사유, 생각과 실천, 비판과 대안을 통합하기 위해 혼신의 노력을 기울여오신 분들입니다. 이분들의 최선의 대답을 통해 독자들이 생각을 건너가는 데 도움이 되도록 질문자인 함돈균과 김보람은 성의를 다해 질문했

9

습니다.

이 책에 실린 대화는 파주타이포그라피배곳^{PaTI}과 사회디자인학교 미지행이 공동으로 기획한 "사회공론장 프로젝트"^{PaTV}를 묶은 것입니다. 방송과 녹취 작업 등 물심양면으로 프로젝트를 지원해 주신 PaTI의 날개(교장) 안상수 스승, 영상감독 이형곤 스승께 특별히 깊은 감사 말씀을 드립니다.

마지막으로 이 책의 출간을 위해 애써주신 고 송성호 이상북스 대표께 깊은 감사 말씀을 드립니다. 고인은 '생각을 건너는 생각'을 담은 글들의 모음인 수많은 책을 통해 이 세상을 빛으로 인도한 성실하고 열정적인 길라잡이셨습니다. 대표님과 계약서를 쓰던 겨울날 합정동의 천진했던 밤을 잊을 수가 없습니다. 생전에 이 책의 출간을 진심으로 바라고 독려해 주셨지만 기획자인 제 게으름 탓에 출판 작업을 착실하게 진행하지 못한 것이 이제 와 보니 후회스럽고 안타깝습니다. 고인의 명복을 빕니다. 더불어 어려운 상황에도 불구하고 꿋꿋한 마음과 용기로 출간 작업을 마무리해 주신 김영미 편집장께 감사와 위로의 마음을 전합니다.

- 섬에 있는 책방에서 참여자를 대표하여 함돈균 손 모아.

김누리

중앙대학교 독어독문학과와 동 대학원 독일유럽학과 교수

정상의 병리성

: 사회를 구해야 한다

코로나 펜데믹은 '재난혁명'

함돈균   오늘은 한국 사회 전반, 특히 교육 문제와 관련해 큰 반향을 일으키는 이야기를 하고 계신 김누리 교수님과 대화를 하게 되었습니다. 오랫동안 뵙고 싶었습니다. 오늘은 선생님이 하신 말씀을 중심으로 이야기를 나눠보려 합니다. 선생님께서는 에리히 프롬의 《건전한 사회》에 나온 정상성의 병리성, 그러니까 '병리적 상황이 정상적인 것으로 계속 유지된다'는 관점으로 한국 사회를 진단해 오셨습니다. 이후 코로나 사태를 지나오면서 한국 사회를 다른 관점으로 볼 수 있는 새로운 프레임 같은 걸 공유해 주실 수 있을지요?

김누리   어려운 질문이네요. 저는 사실 한국 사회에 대해서 많은 것이 변해야 한다고 오랫동안 생각해 왔기 때문에 한국 사회를 볼 때마다 희망보다 절망이 더 컸습니다. 제 정서를 지배하고 있던 것은 무력감이었어요. 그러나 냉소주의는 아닙니다.

그런데 한국이 코로나 팬데믹을 만나 이것을 이겨나가는 과정을 보면서 우리도 모르는 사이 우리 안에 대단한 것이 성장

했구나, 이런 걸 느꼈어요. 가장 위급한 시기에도 한국은 국경 봉쇄도 하지 않고 이동 통제도 하지 않았죠. 유럽의 전통적 국가들이 하지 못하는 새로운 방식의 자율성을 개인들이 어떤 공동체성을 위해 수용한 거죠. 위기 시에도 패닉이 일어나지 않는 사회가 지금 한국 사회입니다. 그것을 처음 느낀 것은 2016년 11월 26일이었어요. 이날이 광화문에 최대 인파가 모인 날이지요. 200만 명 이상. 아마 세계 민주주의 역사상 단일 집회로는 최대가 아니었을까 생각합니다. 박근혜 대통령 탄핵 집회였죠. 그날 그렇게 많은 사람이 모였을 때 제가 충격을 좀 받았어요. 아, 우리에게 저런 기품 있는 얼굴이 있었구나, 우리 안에 저런 표정이 숨어 있었구나.

저도 문학을 하는 사람이니까 그때 발터 벤야민이라는 독일 철학자가 떠올랐어요. 발터 벤야민은 복잡한 사안을 굉장히 함축적인 언어로 잘 포착하는 사상가인데, 그가 이런 말을 한 적이 있어요. 유토피아는 위기의 순간 섬광처럼 번쩍하는 기억 속에 있다. 멋있는 말이긴 한데 이해도 쉽지 않은 말입니다. 그런데 그날 11월 26일에 그 말을 좀 이해하게 됐어요. 그러니까 그 위기의 순간에 거기에 모인 사람 하나하나가 한 조각 기억을 들고 나온 거예요. 혹은 한 조각 기억이 그리로 나오게 한 거예요. 그래서 한국은 앞으로 그런 유토피아가 소멸되진 않겠구나, 했죠. 왜? 부모들이 어린아이들의 손을 잡고 다 나왔으니까요. 부모들이 아이들 기억 속에 그 유토피아를 심어준 거죠. 그것이 또 한 조각 기억으로 남아서 한국의 민주주의를 지켜주겠구나, 이런 느낌을 받았거든요. 코로나 시대를 지나면서도 아, 우리에게 이런 성숙함이 숨어 있었구나, 그런 위로를 받은 것 같아요.

함돈균 그런 민주주의 혁명이 있었지만 한국 사회는 사실상 반복적인 정치적 내전 상태에 빠져 있고, 촛불정신을 이어받은 정부라고 하기에는 문재인 정부 역시 많은 허약함을 보여주고 있습니다. 왜 이런 상황이 반복된다고 보시는지요?

김누리 그 당시 촛불에 담긴 시대정신이 무엇이었을까, 생각해 봅니다. 지금 생각해 보면 하나는 세월호로 상징되었던 인간 존엄의 문제였고, 두 번째는 최순실-박근혜가 상징하는 부패와 국정농단, 즉 사회정의에 관한 문제였죠. 촛불정신이라고 했을 때 '나라다운 나라'를 만들자는 구호도 있었지만 그 내용은 국민을 존중하는 것, 그리고 이 사회가 정의로울 것, 이 두 가지였다고 생각해요. 그런데 문재인 정부 이후의 사회에서도 이 가치가 크게 발전한 것 같지는 않습니다. 사회적 정의라고 하는 것이 어느 정도 구현되었는지 살펴보면, 별로 한 게 없어 보이죠. 특히 교육 문제와 관련해 이 사회에서 벌어지는 새로운 논쟁 중에 '공정'이라는 이슈를 보면, 실제로 한국 사회가 나아간 면이 거의 보이지 않습니다.

소위 '조국 사태' 이후 분출된 교육에서의 '공정'이라는 이슈를 예로 들어 볼까요? 공정이라는 게 사실 양날의 칼이에요. 우선은 불공정과 특권 같은 것을 비판하는 긍정적 칼임은 분명하죠. 그런데 또 다른 측면에서 차별과 불평등을 정당화하는 개념이기도 합니다. 나는 열심히 노력해서 이 대학에 들어 왔는데 왜 저들은 사회적 약자라는 이름으로 배려받아 이 학 교에 들어오지? 이런 식인 겁니다. '우리는 차별에 찬성합니 다' 이런 제목의 책도 있잖아요. 이런 것들이 바로 공정 이데 올로기가 만들어놓은 어두운 양날의 칼이며, 이런 지점에서 오히려 차별이나 불평등을 정당화하고 영속화하는 부정적인 칼로 작용하죠.

그런데 과연 지금 한국에서는 공정이 긍정적인 칼로 쓰일까 요, 부정적인 칼로 쓰일까요? 제가 보기엔 긍정적인 칼로 더 많이 쓰인다고 하기는 어렵다는 거죠. 그리고 이런 현상에 대 해 문재인 정부가 실제적인 개선책을 내놓은 게 별로 없다는 겁니다. 특히 교육정책 관련해서는요. 문재인 정부가 공정이 라는 것을 내세우면서도 대학입시에서는 정시 모집인원을 확대하면서 살인적 입시 경쟁을 더 부추기는 일들을 하거든 요. 그러니까 경쟁을 통해 '공정'을 강화하는 것처럼 보이지 만 실은 공정이 사회적 정의의 하위개념이라는 거죠. 그런데 이 공정이라는 것도 상당히 낮은 수준에서 이야기됨으로써 한국 사회의 기득권 구조를 타파하지 못하고 있다고 저는 생 각합니다.

김보람 선생님 말씀에 크게 공감합니다. 그렇게 보면 교육과 정치가 깊이 연관되어 있는 것 같아요. 그런데 사회 혁신을 위한 세 력화를 이루는 과정 자체가 작은 의미의 '공정'의 룰을 지키 며 갈 수밖에 없으니까, 더 큰 의미의 사회정의 차원에서는 개혁 세력조차도 기득권 룰의 틀거리에 있을 수밖에 없다는 아이러니를 갖게 된다는 거죠. '강남좌파'라는 것도 그런 현상의 한 측면인 듯합니다. 개혁도 공정의 틀거리 안에서 승리한 자가 할 수밖에 없는 현상이랄까.

김누리 제가 처음에 무력감을 말씀드린 게 그런 구조적으로 모순된 측면들 때문이죠. 아무리 선거를 하고 뭐를 해도 이 기득권 구조는 변하기가 어려운 거예요. 그런데 코로나 팬데믹을 지나오면서 그런 생각을 하게 되었어요. 한 사회가 질적으로 변혁되기 위한 어떤 조건들이 있을 텐데, 즉 사회 혁명의 조건들이 있을 텐데, 지난 한 세기 동안 큰 특징은 혁명이 없었다는 거죠. 왜 그럴까요? 기술이나 과학의 발전 때문이에요. 권력을 가진 이들이 자신의 권력 정당화를 위해 기술합리성을 다 흡수해 버렸어요. 그러니까 지배가 더 조직화되고, 체계화되고, 강화되고, 이데올로기적으로도 완전히 장악되고, 교육도 거기에 들어가니 저항의지 자체가 사라지는 거죠. 인간이 이 세계에 대한 질적 변혁을 할 수 없으리라는 그런 무력감이 드는 거죠.

그런 시대에 코로나가 온 거예요. 저는 이걸 '재난혁명'이라고 부릅니다. 인간에 의한 사회적 혁명이 안 되니까, 인간과 자연의 어떤 대결 속에서 나온 생태적 재난이라는 것이 변화를 만드는 상황을 가져올 수도 있겠구나, 코로나가 혹시 그게 아닌가, 그런 생각을 했어요. 지금 코로나는 어떤 사회 변혁 세력도 할 수 없었던 거대한 사고의 전환을 우리에게 요구하고 있고, 우리가 생활방식을 바꾸지 않으면 인간이 살 수 없다는 메시지를 분명히 주고 있죠. 한국 사회 같은 야수자본주의가 횡횡하는 정글에서 내 옆 사람이 행복하지 않으면 내가 행복할 수 없다는 것을 체감하게 된 거죠. 이것처럼 큰 교훈이 어디 있어요.

자유롭고 평등한 학문 공동체로서의 대학

함돈균 코로나 시대의 의미를 '재난혁명'이라는 단어로 규정해 주시니 코로나 시대를 다른 관점으로 보게도 되네요. 사실 이런 해석과 전망을 해주는 게 진정한 대학 인문학의 역할이기도 하죠. 옛날에는 어떤 선지자나 예언자가 미래를 예측했고, 현대에는 과학자가 그런 역할을 하기도 합니다. 엄밀히 얘기하면 과학자도 인문적 성격을 가지고 있죠. 대학이 이렇게 많은 물적 토대와 연구자를 가졌음에도 불구하고 사회 변화에 대한 어떤 예측이나 현상 분석 또는 의미 있는 안내를 거의 하지 못하고 있다는 것이 한국 대학 인문학에 대한 제 관점입니다. 한국 대학의 현 상황을 어떻게 보시나요?

김누리 아주 중요한 말씀입니다. 사실은 제일 중요한 이야긴데 한국 사회에서 그렇게 많이 주목을 받지 못한 부분이에요. 저도 같은 생각인데, 어떤 분이 이런 말씀을 하셨어요. 한국의 대학은 민주주의의 적이다. 동의합니다. 어느 나라에서나 대학이라는 곳은, 예컨대 독일에서는 대학이 민주주의의 발판이었어요. 그런데 지금 한국 사회에서 일어나는 절망감의 근원에는 대학의 죽음이 있어요. 대학이 어떻게 죽었는지 제가 조금 말씀드릴게요.

일단 대학이 무엇인지에 대해 생각할 필요가 있어요. 지금 근대 대학이라고 하는 곳은 여전히 훔볼트Freiherr von Humboldt 정신이 가장 중요하고 유효해요. 훔볼트는 대학을 자유롭고 평등한 학문 공동체라고 했어요. 정확하게 말하면 "교수와 학생으로 이루어진 자유롭고 평등한 학문 공동체", 이렇게 정의했어요. 그런데 지금 '훔볼트' 하면 아주 옛날 사람인 것 같죠? 아주 흥미로운 것은 68혁명입니다. 굉장히 급진적인 민주주의를 요구하는 혁명이었죠. 그러니까 기존의 거의 모든 가치를 전복시킨 급진적 혁명이었는데, 이 68세대가 훔볼트는 전복시키지 않았어요. 훔볼트의 정신은 따라야 한다고 본 거예요. 훔볼트의 정신 속에는 이미 상당한 미래가 선취되어 있다는 거죠. 그 훔볼트가 대학이란 교수와 학생으로 이루어진 자유롭고 평등한 학문 공동체라고 했어요. 이 정신을 구현하고자 한 게 68혁명의 대학생들이었고요.

훔볼트는 대학을 미래의 유토피아를 선취하는 소우주라고 얘기했어요. 우리를 둘러싸고 있는 이 세계는 부패와 불평등과 갈등과 모순으로 가득 차 있지만 대학이라는 울타리 안에서만은 미래의 유토피아가 무엇인지를 미리 보여주어야 한다는 거죠. 대학에서 그러한 모델을 만들고, 대학의 이성의 빛이 퍼져나가 정의로운 사회, 이성적인 사회를 만드는 것, 이것을 말하자면 사회 변혁의 모델로 생각해야 한다는 거죠. 바로 이 정신을 68세대가 받아들인 거예요. 그래서 대학 안에서 68세대가 원하는 가장 이상적인 일들을 시행하게 됩니다.

김보람 어떤 일들인가요?

김누리 첫 번째가 민주주의. 민주주의가 도대체 뭔지 그것을 대학이란 제도 안에서 확실하게 모범을 보여줘야 된다는 거죠. 그런데 민주주의는 뭐예요? 조직 내 구성원들이 자율적으로 거버넌스를 관리하고 그 안에 모두가 자유로운 존재로서 참여하는 조직 운영, 이게 민주주의죠. 그것을 우리가 꿈만 꾸지 말고 대학에서 하자. 그래서 독일에서는 1968년, 69년부터 그 이상을 실행합니다. 그걸 3분할 원리라고 해요. 대학에 세 주체가 있다. 교수와 학생, 학문 중간층. 학문 중간층은 조교와 강사 같이 교수와 학생을 매개해 주는 이들이죠. 이 세 주체가 3분의 1씩 정확하게 권한을 나눕니다. 그래서 모든 대학 운영의 일들을 정확하게 3분의 1씩 권한을 행사하는 대표자 회의에서 다 결정하는 거예요. 대단한 거죠.

총장도 이런 방식으로 뽑았어요. 이걸 제일 먼저 실행한 대학이 베를린 대학이고요. 베를린 대학에서 1969년에 첫 총장 선거를 했는데 누가 되었을까요? 조교 대표가 됐어요. 스물아홉 살 먹은 사회연구소 석사 조교 롤프 크라이비히[Rolf Kreibich]라는 친구가 대학 총장이 된 거예요. 압도적으로 이겼어

21

요. 60대 40으로. 그리고 4년 후 총장 선거에서 또 이겼어요. 그래서 8년을 해요. 이런 게 진짜 민주주의죠. 대학에서 시작된 이런 민주주의 방식이 독일의 다른 영역에, 기업에까지 다 들어간 거예요. 기업에서도 똑같이 했죠. 기업은 두 주체잖아요. 사용자와 노동자, 주주와 노동자. 그러니까 주주 대표와 노동자 대표가 똑같이 50프로씩. 대학의 방식이 쭉 사회로 퍼져나간 거죠. 그래서 독일 기업을 노사 공동결정체라고 해요.

독일에서는 1968년 이후 대학에서 벌어지는 거의 대부분의 데모를 교수들이 합니다. 1970년대 초에 제일 많이 있었던 게 교수 데모인데, 교수들이 이건 안 된다고 저항했어요. 교수들이 뭐라고 저항했을까요? 3분의 1의 결정권, 다 좋다. 그런데 대학은 어디까지나 학문 영역이기 때문에 학문의 전문성이나 특수성이라는 것이 존중되어야 된다. 그러니까 학문과 관련된 영역의 결정에 있어서는 교수에게 과반을 다오. 이렇게 합리적인 항의를 합니다. 예를 들어 교수를 뽑을 때 학생들이 인기투표로 뽑으면 안 된다는 거죠. 거긴 학문적 전문성이 고려되어야 하잖아요. 그래서 1973년에 헌법재판소가 열려요. 그걸로 헌법소원을 낸 거예요. 법원에서 교수들의 손을 들어줘요. 그래서 교수를 뽑는 일이나 연구 프로젝트를 진행하는 등의 영역에서는 교수에게 과반의 권리를 인정해 줍니다. 이런 게 민주주의죠.

김보람 　결정과 합의의 메커니즘을 진정으로 민주화한 것이군요.

김누리 그렇죠. 대학의 원리와 관련해서 두 번째 중요한 것은, 대학이 권력 비판의 중심이 되어야 한다는 거예요. 엄청나게 중요한 거죠. 대학에서 추구하는 건 뭐예요? 대학은 왜 존재해요? 대학의 정체성은 어디에 있어요? 진리에 있어요, 진리. 대학은 돈 벌려고 있는 곳이 아니에요. 대학은 영리기관이 아니에요. 진리를 추구하는 곳이죠. 그런데 대학 밖에 있는 세계, 거긴 권력의 세계죠. 권력은 뭘 추구해요? 권력은 특수성을 추구하죠. 진리는 보편성을 추구하고요.

그렇기 때문에 대학과 권력은, 말하자면 학문과 권력은 필연적으로 갈등할 수밖에 없어요. 우연히 갈등하는 게 아니에요. 권력은 특수성을 추구하고 진리는 보편성을 추구하기 때문에 본질적으로 싸울 수밖에 없어요. 필연적이에요. 그래서 프로페서professor라는 말이 나온 거예요. '프로'는 '앞에서', '페서'라는 건 '말하다'라는 뜻이잖아요. '앞에서 말한다', 이게 교수죠. 누구 앞에서 말하는 걸까요? 권력이죠. 권력 앞에서 말하는 사람. 그런데 권력 앞에서 말하면 권력이 들을까요? 압력을 행사하겠죠. 그래서 '테뉴어'tenure가 생긴 거예요. 정년을 보장하는 거죠. 권력 앞에서 진리의 이름으로 말하는 자들을 보호하는 것이 사회에 도움이 된다는 생각에서죠. 그런데 오늘날 정년 보장은 역기능을 하고 있죠. 교수들을 소시민으로 만들었어요. '철밥통'이라고 이야기하잖아요. 지금 권력 비판하는 교수가 있나요? 그러니까 완전히 제도가 왜곡된 거예요.

마지막으로 중요한 게 대학은 사회적 정의가 구현된 공간이어야 한다는 것인데, 이 원리에서 가장 중요한 것이 바로 학생들이 경제적으로 해방되는 것입니다. 독일의 경우 그래서 아이들은 대학에 와서 공부만 하고 학비가 없어요. 그런데 생활비는 필요하잖아요. 그러니까 가난한 집 아이들은 일하면서 공부할 수밖에 없죠. 그런데 이것은 사회적 정의가 아니라는 거죠. 그래서 독일에서는 1970년도부터 학생들에게 생활비를 줍니다. 바로 68 맥락에서 나온 거예요. 그런데 놀라운 것은 그걸 학생들이 거부했어요. 왜 거부했을까요? 우리는 당신들의 시혜의 대상이 아니라는 거예요. 그러면서 학생들이 주장한 게 뭔지 알아요? 연구 보수예요. 우리가 하는 공부와 연구는 기본적으로 사회적 노동이다. 사회적 노동은 날위해서 하는 게 아니다. 우리 연구의 결과는 모든 사람을 이롭게 하는 것이다. 이 사회적 노동에 대해 우리는 당연히 보수를 받을 권리가 있다. 그러니 우리 연구에 대한 보수로서 생활비를 다오. 이렇게 주장했죠. 그래서 그걸 연구 보수라고 해요. 그들은 그때부터 생활비가 아니라 연구 보수를 받습니다. 우리로서는 상상도 할 수 없는 일이죠.

이런 독일 대학의 정신과 원리가 사회로 퍼졌습니다. 68세대의 아이들이 가장 많이 간 곳이 학교입니다. 그리고 언론사에 많이 갔어요. 사회 변화를 위해 가장 중요한 요소인 교육과 언론으로 간 거죠. 그러면서 독일 사회가 바뀌었어요. 학교가 미래를 바꾼 거죠. 학교는 독일의 미래를 바꾼 거고, 언론사는 독일의 현재를 바꾼 거죠. 이렇게 1970년대 이후 지금까지 독일이 새로운 독일이 된 거예요.

함돈균 대학이 정말 실질적으로 사회를 변화시키는 에너지원이 된 거군요.

김누리 똑같은 원리를 한국 대학에 적용해 보세요. 한국의 대학은 한국 사회의 악폐가 집적된 곳이죠. 대학에서 민주주의가 어떤가요? 대학은 기업에 접수되었죠. 기업이 접수한 대학들이 제일 먼저 한 게 총장직선제 폐지입니다. 거버넌스 장악이죠. 대학은 한 사회의 최고 교육기관인데 그런 교육기관을 돈을 가지고 있다는 기업들이 무슨 장난감 가지고 놀듯이 그렇게 합니다. 지금 한국 사회 어느 대학이나 마찬가지예요. 많은 사립대학이 그래요. 민주주의가 가장 이루어지지 않는 곳이 대학이 되었지요. 초등학교만도 못해요. 초등학교 반장도 직선제로 뽑잖아요. 그런데 지성의 산실이라는 곳에서 대학 총장을 특정 권력의 졸개처럼 뽑는 일이 다반사입니다. 있을 수 없는 일이에요.

두 번째, 대학이 지금 권력 비판의 중심인가요? 한국 사회를 지배하는 재벌권력의 하수인이죠. 지금 대학의 인재는 자본권력을 위한 인적자원을 뜻합니다. 경제권력이 원하는 인적자원을 길러내고, 원하는 이데올로기를 제공하죠. 이걸 모두 교수들이 해요. 자본주의의 하수인이 된 거죠. 그래서 제가 한 칼럼에 '대학이 한국 사회를 망치고 있다'고 썼습니다.

세 번째는 사회정의. 지금 한국 대학에서 강사와 교수의 임금 차이가 어느 정도 되는지 아세요? 열 배 차이가 나요, 열 배. 한국 사회 어디에 동일한 노동을 하고 열 배 차이 나는 임금을 받는 곳이 있나요? 한국 사회에서 가장 사회정의가 이루어지지 않은 곳이 대학이에요.

과거에는 그래도 한국 사회에서 가장 중요한 정치집단이 대학이었어요. 과거엔 기득권 계층이나 독재자들이 야당이나 노조가 아니라 대학을 가장 두려워했어요. 그런 것이 다 없어진 거죠. 다시 말하면 한국 사회 기득권 입장에서는 아는 거예요. 한국 사회에서 가장 위험한 집단은 야당도 노조도 아니고 대학이다. 진리를 따르는 자들, 보편성을 추구하는 자들은 컨트롤이 어렵다는 거죠. 그러니까 대학을 조직적으로 파괴해야 한다. 그래서 취한 전략이 대학을 완전히 취업학원으로 바꾸는 것이었습니다. 그러면서 한국의 대학이 지금 완전히 자본의 노예가 되었죠. 문재인 정부에서도 대학 개혁을 입시 문제로 환원해서 보는 것은 변하지 않았습니다. 분노할 일이죠.

김보람   그러다가 보니 한국 대학에서는 대학의 수준을 재는 척도가 취업률 차원에서 논의되는 것을 봅니다. 산업자본의 노예인 거죠.

함돈균   몇 년 전에 스탠퍼드 대학에서 세계대학총장회의가 있었는데, 한국의 한 사립대학 총장이 참여해서는 자기 대학 졸업생

취업률을 자랑하는 것으로 비전 토론을 진행했다는 얘기를 들었습니다.

김누리 너무 부끄러운 일이죠. 여기에서 자본이 대학을 얼마만큼 장악했느냐에 주목해야 합니다. 자본이 원하는 모양으로 대학이 바뀌는 거거든요. 자본은 여러 가지 방식으로 대학을 장악합니다. 학교를 물건 구매하듯이 사들이기도 하고, 대학평가라는 명목으로 대학을 이데올로기적으로 통제하기도 합니다. 어떤 신문사에서 '좋은 대학'의 서열을 매기는데, 그 기준이 영어로 수업하면 국제화 몇 퍼센트, 이런 식인 거예요. 너무 부끄러운 수준이라서 말을 못하겠네요. 결국 대학이라는 지성의 산실을 경제자본이 원하는 기준에 줄 세우는 거죠. 이 기준을 몇 년 적용하니까 모든 대학의 수준이나 기준에 대한 관점이 완전히 그렇게 자본이 원하는 방식대로 돼버렸어요. 한국은 전 세계에서 가장 기형적인 대학 구조를 가진 나라예요. 저는 한국보다 사립대학 비중이 더 높은 나라를 본 적이 없어요. 현재 87프로예요. 13프로만 국립대학이고 87프로가 사립대학이에요. 미국을 사립대학의 천국이라고 알고 있지만, 아니에요. 미국도 20프로가 안 되더라고요. 근데 우리는 87프로예요. 독일은 사립대학이 1프론가 2프로예요. 98프로가 국립대학이죠. 당연히 교육이라고 하는 것은 시장에서 구매할 상품이 아니라 국가가 국민에게 기회의 평등을 위해 제공하는 사회 공공재여야 하죠.

게다가 사립대학의 등록금이 전 세계에서 가장 비싸요. 지금 미국의 하버드, 예일, 프린스턴, 스탠퍼드, 이게 거의 사립대학의 순위고 이게 사실은 그대로 등록금 순이에요. 등록금 비싼 순서대로 대학 순위 1, 2, 3, 4위예요. 그 학교들 학비가 6만 불 내외니까 우리랑 비교할 수 없을 정도로 비싸죠. 하지만 미국은 대다수를 차지하는 주립대학이나 공립대학 학비가 굉장히 싸잖아요. 거의 공짜예요. 주립대학은 그 주에 사는 사람들은 아주 조금만 돈을 내면 다 들을 수 있게 해놨어요. 사실상 거의 무상교육 수준이죠.

그래서 1인당 국민소득 대비 대학등록금 1위는 미국이 아니라 한국입니다. 간단히 말해 세계에서 등록금이 가장 비싸고 가장 기형적인 사립대학 체제 속에 한국 대학이 있는 거예요. 이 현실이 뜻하는 게 뭐겠어요? 교육이라는 것 자체를 정부에서 한 번도 신경 써본 적이 없는 거죠. 입시정책은 진정한 의미의 교육정책이 아니에요. 아주 일부 선발제도에 불과하죠. 한국은 대학정책도 없고 학문정책도 없어요. 우리 학문이 어디로 갈지, 그런 고민이 없어요. 교육부에서 하는 정책이 오로지 입시정책이죠. 있을 수 없는 일이에요.

함돈균 한국의 대학정책은 교육정책이 아니라 요즘은 산업정책이라고 봐야죠.

김누리 그렇죠. 일종의 산학. 산업과 학문을 연계해 인적자원을 어떻게 하면 효과적으로 산업 현장에 배치할까, 이런 걸 교육이라고 생각하는 거죠. 그러니까 앞서 말씀드린 독일 대학의 그런 민주성, 정치성, 사회성 같은 것은 상상도 못하는 거죠. 그러니까 대학이 죽었다는 것이고요. 그런데 사회가 이런 상태로 되는 데에는 아주 기만적인 정치 지형이 문제가 됩니다. 왜냐하면 소위 진보 진영도 이 현실을 수수방관하고 있기 때문이죠. 왜냐고요? 실은 보수와 진보의 경쟁이라는 논리 자체가 허구적이기 때문이에요.

한국이 지금 보수와 진보가 경쟁한다고 하는데, 이건 완전히 거짓말이라고 봅니다. 사실상 양당제 체제의 한국 정치는 완전수구와 보수가 손잡고 가고 있다고 해야 하죠. 한국의 민주당은 진보와는 거리가 멀어요. 신자유주의 사회, 보수양당제라고 하는 미국만 봐도 공화당의 공약이 우리나라 민주당보다 진보적이에요. 선거에서 공화당이 공약으로 무상교육을 얘기합니다. 미국 사립대학 학생들의 경우 부채가 너무 많으니까 현실의 고통을 탕감한다는 차원에서 이런 얘기가 나오는 거죠. 그런데 우리나라 민주당에서 선거에 이런 얘기를 들고 나오는 사람이 있나요? 이게 무슨 진보예요. 그 정도로 한국의 정치 지형은 세계에서 거의 야만적 수준의 보수적 지형을 가지고 있어요.

함돈균 말씀에 동감합니다. 그런데 한편 생각해 볼 것이 대학도 그렇고 사회도 그렇고 사회의 이런 '비정상성의 정상성' '비정상의 일상화'가 일반적인 것이 될 때, 특정 주체를 거론할 것도 없이 모두가 노예화되는 상황입니다. 대학을 식민화한 산업자본 얘기를 하셨는데, 지금 신자유주의 사회라고 하는 것이 개개인이 전부 다 자신을 '기업가주체'로 사고하는 사회잖아요. 푸코Michel Foucault는 신자유주의라는 것을 개인들이 자신을 기업가주체로 여기는 것이라고 했는데요. 대학에서도 학교 운영당국뿐만 아니라 학생들 스스로도 자신을 팔아야 할 상품으로 여기고 있고요. 앞서 독일의 노사 공동체 모델을 말씀하셨는데, 이제는 노조도 특별한 민주성이나 보편적 선의지를 지녔다기보다는 자기 이익에 골몰하는 단체가 된 것 같아요. 특정한 계층이나 계급이나 사회조직이 보편적 선의 상징이 더 이상 되지 못하는 시대인 지금 어떤 공동 의사결정체를 사회적 민주주의의 예로 바로 볼 수 있을까요? 반대로 어떤 형식적 민주주의의 틀 안에 갇히는 건 아닐까요?

한국은 후기파시즘 사회

김누리   맞아요. 굉장히 어려운 과제들을 지금 제기하고 있습니다. 지금 시대는 너무 많은 변화와 다양한 양상이 현실에서 나타나고 있어요. 저도 이런 상황을 뭐라고 불러야 할지 무척 고민이 많아요. 그러니까 여기에는 어떤 시차 같은 게 있어요. 개념, 과거의 양상, 현실의 변화, 미래의 추세 등등. 이게 무슨 민주화가 되는 것인지, 도대체 민주화의 내용적 실체가 뭔지, 이러한 회의들이 계속 생긴단 말이죠. 그래서 저는 이제 한국 사회를 어떻게 볼 것인가 하는 고민 속에서 이 변화의 양상들을 제 방식대로 표현하는 언어적 규정을 해보려고 시도하고 있어요. 데피니션 파워definition power, 결국은 현상을, 개념을 정의하는 자가 권력을 갖는 거예요. 그러면 지금 한국 사회를 어떻게 정확하게 정의할 것인가? 저는 결국 한국 사회를 '후기파시즘 사회'라고 불러야 되지 않나, 생각해요. 왜냐하면 군사독재 사회에서 민주화 사회가 되었다, 이렇게는 설명이 안 되기 때문이죠.

김보람 후기파시즘 사회요?

김누리 네. 제가 한 칼럼에 한국 민주주의는 "민주주의자 없는 민주주의"라고 쓴 적이 있어요. 광화문에서 부정부패한 정부를 탄핵하고 민주주의를 외치던 사람들이 지하철 타고 집에 가서는 완전히 가부장적인 아비요, 다음날 학교에 가서는 권위주의적 교사요, 회사에 가서는 '갑질'을 일삼는 상사라면, 민주주의는 어디에서 하죠? 광장의 민주주의와 일상의 민주주의가 완전히 괴리되어 있다는 거죠. 과연 민주주의는 삶의 실체로서 우리의 생활에 어느 정도 녹아 있는가. 이렇게 물으면 대답이 쉽지 않은 거예요. 그래서 군사독재 사회에서 민주주의로 넘어왔다고 할 때, 그 민주주의라는 말이 허구적으로 느껴진다는 말이에요. 우리의 삶과 민주주의가 동떨어져 있어서. 그래서 오히려 우리는 군사파시즘 사회에서 후기파시즘 사회로 넘어왔다고 하는 것이 훨씬 더 사회의 성격을 잘 담는 말이다, 저는 그렇게 생각해요.

최근 몇 가지 현상을 보면서 한국 사회는 완전히 파시즘 사회라고 느꼈어요. 지금 한국 사회가 민주화 30년을 얘기합니다. 민주당이 여당에다가 180석의 거대 의석을 가지고 있지요. 제도적 여건이 민주주의를 하기에 나쁘지 않습니다. 그런데 정치적 참정권이 아직도 막혀 있고 이를 개선할 생각도 하지 않는 부분이 많죠. 예컨대 교사의 정치적 참정권. 한국의 교사들은 정당 가입이 금지되어 있어요. 정당은 민주주의의 기초 제도예요. 그런데 한국의 교사들은 이걸 못하게 해놨어요. 전 세계 156개국에서 다하는 거예요. 한국의 교사들만 어디 특별히 모자란 사람들인가요? 특별히 미성숙해요?

과거 군사파쇼 시대부터 교사들을 활동 못하게 그렇게 묶어 놨죠. 이제 군사독재는 끝났어요. 그런데 이건 그대로 남아 있어요. 더 문제는 뭐냐 하면, 이 자체를 문제로 느끼지 못한다는 거예요. 아무도 이것에 대해 문제로 생각하지 않아요. 교사들에게 강의하면서 제가 이 얘기를 하면 교사들이 깜짝 놀라요. 아니 그러다가 학생들이 정치화되면 어떡해요? 이런 식으로. 이 논리는 누구의 논리예요? 군사파시스트들의 논리예요. 사실 그들이 교실을 정치화했거든요. 정치화 정도가 아니죠. 군사훈련장으로 만들었잖아요. 저는 학교에서 군복 입고 있었어요. 고등학교 내내 교련복이라고 하는 군복을 입고 다녔어요. 그리고 운동장이 완전 군사훈련장이었죠. 그러니 우리 세대가 어떻게 온전한 인간이 됐겠어요? 우리 세대는 사실 내적인 파시스트예요. 그 내적 파시즘을 성찰해야 돼요. 내 안에 어느 정도 파시즘이 남아 있는지 그걸 성찰하는 게 정말 중요합니다.

저는 고민 끝에 이 문제의식의 부재, 스스로의 몰입식 현상을 '후기파시즘 현상'이라고 생각하게 되었습니다. 파시즘이 외적 형식으로는 사라졌지만 그 잔재가 남아서 제도로서 의식으로서 무의식으로서 혹은 아비투스habitus로서 하나의 태도로서 일상에서 작용하고 있는 것이죠.

그래서 저는 교사들에게 강의를 하게 되면 근대의 권리 중에서 가장 중요한 권리는 정치적 활동을 할 수 있는 권리라고 말씀드립니다. 정치적 참정권을 획득하는 과정이 근대 사회의 형성 과정이에요. 시민성의 가장 중요한 권리죠. 그런데 이 권리에 대한 의식을 가지고 있지 않은 것이 너무 놀라운 거죠. 이런 의식의 부재가 가져오는 사회적 피해가 너무 큽니다. 그 반대의 좋은 대표적 예가 독일의 녹색당이에요. 녹색당은 지금 가장 '핫'한 정당이죠. 지난번 유럽의회 선거에서 2등 했잖아요. 이제는 더 이상 자본주의가 어떻게 발전하는지 이런 게 중요한 게 아니에요. 지금과 같은 형태의 자본주의의 발전은 이제 인류의 종말을 가져올 수밖에 없다는 것이 합의 사항입니다. 한국만 합의가 안 되어 있지 거의 전 세계가 다 합의하고 있어요. 22세기는 오지 않는다, 이건 거의 상식화된 이야기예요. 지금 살고 있는 자들이 마지막 인류가 될 것이다, 이것도 거의 상식화된 이야기고요. 지금의 발전 방식을 바꾸지 않으면 인류는 종말로 간다는 거죠. 이런 담론들을 만들어낸 것이 누구예요?

김보람　　독일 녹색당이죠.

김누리 그렇죠. 바로 독일 녹색당이에요. 독일 녹색당이 1970년대에 출현한 것은 문명사적 사건이에요. 문명이라는 것이 항상 발전을 지향하는 거였는데, 이 녹색당이 딱 나와서는 우리가 자본주의의 발전을 확실히 저지할게, 이런 거죠. 문명 패러다임을 전복시킨 거죠. 그런 정당이 나왔을 때 처음에는 다 비웃었어요. 그런데 그들이 지금 세계를 바꾸잖아요. 이 녹색당의 정치적 주체가 바로 교사들이에요. 특히 여교사들. 독일의 여교사들이 녹색당의 중심이에요.

교사 집단은 기본적으로 지적인 집단이죠. 그러니까 지배 이데올로기가 잘 안 먹히고, 미래를 예측할 수 있는 거죠. 예견의 역량이 있으니까요. 그리고 어느 사회에서나 교사는 도덕성을 요구받는 집단이거든요. 기본적으로 다른 직업군에 비해 도덕성을 갖춘 집단이라고 보면 됩니다. 그런 집단의 정치적 참정권을 완전히 배제해 놓는 것은 어마어마한 문명 손실인 거예요. 지금 한국 사회는 그 손실을 감당하고 있는 것이고요. 교사들과 아이들이 성숙한 시민이 되는 걸 막는 일, 시민으로서 행동하는 걸 막는 일, 이게 한국 교육의 결정적 문제인 거죠. 미래를 막는 일이지요.

김보람 여러 어려운 상황에도 불구하고 코로나가 오히려 혁명적 전환을 가능하게 할지 모르겠다는 말씀을 하셨습니다. '재난혁명'이라는 단어도 쓰셨는데, 이것이 가져올 사회 변화의 가능성을 어느 정도로 예측하는지 조금만 더 말씀해 주시겠습니까?

김누리 그 단어 괜찮아요? 재난유토피아, 재난자본주의, 이런 말들이 있거든요. 그러면 최근에 일어나는 이런 변화를 뭐라고 이름을 붙여야 할까 생각하다가 사회혁명과 대비해서 '재난혁명'이라는 말을 한번 붙여봤어요. 지금 사회혁명이 부재한 시대니까 재난이 혁명을 가져올 수도 있겠다, 이런 생각에서요.

김보람 울리히 벡Ulrich Beck이 얘기했던 해방적 파국이라는 말과도 일맥상통하는 거겠죠?

김누리 맞아요. 그러니까 공기처럼 우리 삶 속에 존재해 그 지배의 문제를 우리가 잘 못 느꼈는데 요번 코로나가 알려줬다, 이런 말이죠. '자전거자본주의'라는 표현을 쓰는데, 자본주의라는 건 계획이나 통제가 되지 않잖아요. 무조건 생산해야 되는 것이 자본주의의 핵심 결함이에요. 멈추는 순간 넘어져버리거든요, 자전거처럼. 문제는 무한히 생산한다는 건 무한히 자연을 파괴하는 것이라는 거죠. 자본주의는 무한히 자연을 파괴할 수밖에 없어요. 그래서 22세기가 오지 않는다는 것이죠.
자연을 이렇게 약탈하고 또 인간을 약탈하는 방식의 자본주의를 통제하지 않으면 이 문명이 지속될 수 없겠구나, 코로나로 인해 이런 생각이 사람들에게 생기기 시작했어요. 자연스럽게 논의되는 공론장이 열린 거예요. 한국 사회에서는 정말 드문 일이죠. 그런 것들이 한국 사회 변화에 굉장히 중요한 역할을 하리라고 생각합니다.

또 이런 시대를 의미 있게 진단하고 가이드하는 데에 대학과 인문학의 역할이 중요하다고 봐요. 현상이 있어도 그걸 해석해 주는 역할이 없으면, 의미는 왜곡되고 삶이 지시하는 기호들을 엉뚱하게 보게 되거든요. 인문학의 위기를 얘기하는 한국 대학과 인문학자들은 구걸의 인문학이 아니라 시대를 진단하고 구원하는 구제의 인문학을 해야 합니다.

조병영

한양대학교 국어교육과와 동 대학원 러닝사이언스학과 리터러시 전공 교수

리터러시

: 우리 삶과 세상을 바꾸는 공동체적 인지능력

읽기, 리터러시, 학습

함돈균　2020년 2학기에 한양대학교에 부임하셨습니다. 그 이전엔
미국에서 폭넓은 연구 활동을 해오셨다고 알고 있는데요, 어
떤 일들을 해오셨습니까?

조병영　2020년 가을부터 한양대학교에서 학생들을 가르치고 있습
니다. 미국에는 2005년에 유학을 가서 6년 동안 박사학위를
하고 9년 동안 교수 생활을 했어요. 합쳐서 15년 동안 연구했
는데, 지금 돌이켜 보면 꽤 한결같은 연구를 했습니다. 연구
주제는 크게 세 가지로 읽기, 리터러시, 학습입니다.

먼저 '읽기'는 말 그대로 '리딩'reading이고 한국 사람들은 독서
라고 많이 말하기도 합니다. 읽기와 독서, 우리말은 다른데
영어로는 그냥 '리딩'입니다. 우리는 리딩을 '읽기'와 '독서'로
나누어 본다는 거죠. '읽기'는 어린아이들이 글자나 문자를
터득하는 것 정도로 이해하고 독서는 청소년이나 어른들이
책을 읽으며 교양을 쌓는 것이라고 생각하죠. 저는 이 둘을
포괄하는 리딩을 연구했습니다. 그러니까 어린아이들이 글

자와 문자를 익혀서 단어와 문장을 유창하게 읽고 글의 의미를 파악하면서 새로운 것을 배워나가는 과정과, 그 과정에 개입하는 다양한 개인적·환경적·문화적 조건들에 대한 연구에서부터 책 또는 글이라는 완결된 형태의 텍스트를 이해하는 과정에서 갖가지 인지적 요인과 지식 및 경험이 어떻게 작동하는지에 관한 연구까지요.

다음으로는 '리터러시'literacy를 연구했어요. 최근 사람들에게 큰 화제가 되고 있는 '문해력'이라는 말의 원래 말입니다. 한국 사람들은 '리터러시'라는 말을 상당히 다양한 맥락에서 여러 의미로 해석합니다. 어린아이 글 깨치기에서부터 공교육에서 보장해 주어야 하는 기초학력 중 하나의 의미로 쓰기도 하고요. 또는 실질적 문맹이니 책맹이니 해서 요즘 글을 읽어도 이해하지 못하거나 책이라면 피해 다니는 인문학적 열정의 결핍을 타박할 때도 자주 사용합니다. 디지털미디어 의사소통 환경에서 필요한 정보의 이해·활용·판단 능력이나 미디어 소통 환경에서 제대로 소통할 수 있는 능력 등의 의미로 디지털 리터러시와 미디어 리터러시라는 말도 씁니다. 굳이 제가 어떤 종류의 리터러시를 연구했는지 물으신다면, 저는 주로 '청소년들이 문자를 포함한 다양한 형식의 텍스트를 어떻게 선택하고, 연결하고, 활용해서 사회 논쟁적 이슈에 관한 비판적 질문을 창안할 수 있는가'라는 디지털 사회에서 요구되는 지적이고 사회적인 역량으로서의 비판적 문해력에 대해 연구했다고 할 수 있습니다.

마지막으로 '학습'learning이라는 연구 주제를 빼놓을 수 없을 것 같아요. 앞의 두 가지 연구 주제를 교육의 장으로 끌어주는 개념이고, 제가 단지 독서 연구자나 리터러시 연구자가 아니라 교육 연구자임을 보여주는, 제 학문적 정체성과 관련된 주제입니다. 읽는다는 것은 가장 중요한 문명적 배움의 수단입니다. 읽는 일만큼 효과적이고 광범위하며 의식적인 배움의 수단이 인류사에 없었습니다. 배움은 경험을 통해서 가능한데, 세상 모든 상황, 모든 일, 모든 사람, 모든 문제를 경험할 수 없다면 그 경험들을 간접적으로 체험할 수 있는 것이 읽기, 독서입니다. 그러니 읽는다는 건, 그 내용으로 배우는 경험이자 동시에 그 내용을 더 잘 배우는 경험을 배우는 매우 특별한 형식의 인간 과정입니다. 리터러시의 핵심은 이런 텍스트를 통한 배움의 과정입니다. 인간이 문명적으로 진화할 수 있는 건 문명적으로 배울 수 있기 때문이죠. 그 오랫동안의 인류 역사, 다양한 형태의 사회 공동체에서 경험한 배움이라는 진화적 활동의 핵심이 읽기예요. 리터러시는 그것을 가장 포괄적으로 설명하는 방법이고요. 즉 우리가 생각하고 살아가는 방식, 그래서 우리가 진화하는 방식, 다름 아닌 우리가 배우는 방식인 거죠.

대화의 의미와 가치를 중요시하는 문화

함돈균 저도 평생 글을 읽고 쓰는 일을 업으로 하고 살았는데, 교수님 말씀을 듣고 보니 이것이 더 가지런한 개념으로 분류되고 규정될 필요가 있다는 생각이 드네요. 궁금한 것 중 하나는 미국에서 교육자로서도 생생한 경험을 하셨는데, 해오셨던 일이나 전공과 관련해 한국의 대학과 미국 대학의 가장 큰 차이가 있다면 어떤 것일까요? 한국 대학에서 개선되어야 할 점이 무엇이고, 어떤 방식으로 가능할까요?

조병영   차이가 많다면 많고 적다면 적다고 할 수 있어요. 학부의 차원과 대학원의 차원이 다르고, 학생의 삶과 교수의 삶이라는 측면, 또 교육·연구·행정·봉사라는 대학의 기능 측면에서도 그럴 겁니다. 언뜻 떠오르는 것들 중 특별히 경험적으로 구별 가능한 것은 꽤 있습니다. 일단 미국 대학의 교실이 한국 대학의 교실보다 대화와 질문이 많은 것은 분명합니다. 전공과 크게 상관없이 미국 대학의 아이들이 질문을 다양하고 깊이 있게 많이 합니다. 이건 대학의 조건 때문이라기보다는 미국의 문화가 논리적 대화의 문화고, 생각과 의견을 표출하는 문화이며, 소통을 중시하는 문화이기 때문이기도 할 겁니다. 느려도, 번거로워도, 골치 아프고 복잡해도 대화 없이 어떤 일이 성사되지 않고, 설사 대화 없이 성사되어도 크게 가치를 두지 않습니다. 대화를 통해 어떤 생각의 씨앗을 키우고, 머리를 모아 이리저리 가능성과 기회를 타진해 보고, 선뜻 그 일을 시도해 보고, 설령 실패했더라도 그 자체로 보람을 갖는 것들을 즐깁니다.

대화는 사실 교수들 간의 연구 협력에서도 흔히 볼 수 있는 일입니다. 제가 일했던 피츠버그 대학의 LRDC^{Learning Research &}

Development Center는 미국에서 가장 오래되고 권위를 가진 융·복합 학습연구소인데, 9층짜리 건물을 캠퍼스 전역에서 모인 다양한 학문 배경의 서른 명 남짓한 교수들이 사용합니다. 물론 대학원생, 박사후연구원, 방문교수 등을 포함하면 300명 정도의 연구소 규모고, 연간 예산이 300억 원 정도입니다. 그런데 이 건물에서 사람들이 하는 가장 중요한 일이 무엇인지 궁금하지 않아요? 그 많은 사람이 그 많은 돈을 가지고 그 좋은 건물에서 도대체 무얼 할까? 대화합니다. 대화. 아침 먹기 전에, 아침 먹고, 점심시간에, 그리고 중간중간에, 퇴근할 때 출근할 때도 대화합니다.

학과 교수회의에서 행정 사안은 최소입니다. 한 달에 한 번 만나는 회의에는 늘 스피커가 있습니다. 때론 연구소 교수가 때론 외부 강사를 초청해 최신의 학문, 연구 이야기를 듣습니다. 완결된, 최고의 학술지에 출판된 근사한 연구가 아니어도 지금 진행되는 재밌는 생각과 재밌는 시도들, 엉뚱한 발상들을 진지하게 발표하고 토론합니다. 날카로운 질문과 확장적 질문이 오고갑니다. 리서치 톡talk이 끝나면 서른두 명의 교수들이 둘러앉아서 샌드위치를 먹으면서 대화합니다. 그냥 아무 말이나 합니다. 톡에 관해 말하고, 자기 고민을 나누고, 학생들의 재기발랄한 아이디어를 말하고, 지역 교육환경 등에 대해 말합니다. 그런데 두 달이 지나고 6개월이 지나고 1년이 지난 어느 날 몇몇 사람이 모여 멋진 연구 프로젝트를 만들어 정부에서 예산을 따옵니다. 신참과 고참이 함께합니다. 분야는 중요하지 않아요. 그냥 섞여서 대화하고, 노트하고, 미팅하고, 그걸 발표하고, 토론하고, 정교화하다 보면 근사한 연구 제안서가 됩니다. 개개인의 역량이 워낙 출중하기도 하지만 그들의 융합적 사고능력, 그 이전에 협력적 대화능력은 최고입니다. 어떤 면에서는 실제 얼마나 연구비를 따왔는지, 어떤 논문을 얼마나 많이 출판했는지로 경쟁하는 것이 아니라 어떤 대화를 할 수 있는 사람인지 어떻게 협력해야 할 것인지로 경쟁합니다. 협력이 경쟁인 공동체죠.

함돈균 대화를 한다. 당연한 말씀인데, 한국 대학의 상황을 떠올려보면 실은 매우 흥미로운 풍경이네요.

조병영 그렇습니다. 학문적 아이디어로 대화를 한다고 해서 서로의 아이디어가 도난당하거나 표절당하지 않습니다. '분배된 지식'distributed knowledge이라는 말이 있어요. 지식은 사실 한 개인에게서 나오지 않습니다. 좋은 지식, 새로운 일을 만들어내는 지식, 독특하면서도 용인 가능한 관점들을 가능하게 하는 지식은 사실 사람들이 만날 때 만들어집니다. 그러니 여러 사람들이 사실은 이렇게 실현되지 않은 지식을 가지고 있는 것이지요. 만나지 않고 대화하지 않으면 이 지식은 그냥 '잃어버린 기회'missed opportunity입니다. 만나서 대화하고 나누고 연결하면 그것은 전에 없던 완전히 새로운 지식, 그러나 공동체에서 용인되는 지식, 새로운 일과 물건과 생각과 관점을 창안하는 지식이 됩니다. 놀랍죠.

그러니 대학 교원을 뽑을 때도 대화할 줄 아는 사람을 우선시

합니다. 역량과 업적은 다 비슷합니다. 자족적으로 완벽한 연구자는 세상에 없습니다. 다만 자신의 역량을 기꺼이 공유하고 동료들과 협업하여 새로운 공동체 역량을 이끌어낼 수 있는 사람, 그런 사람이 좋은 연구자, 좋은 교수자가 될 가능성이 크죠. 함께 일하기도 좋고요. 그게 가장 큰 차이가 아닐까 합니다. 대화, 그리고 대화의 의미와 가치를 중요시하는 것.

함돈균   스스로 '학습과학자'라고 규정하시던데, 한국의 학제 단위나 일반 인식에서는 좀 낯선 용어입니다.

조병영   학습과학은 영어로는 '러닝사이언스'learning sciences라고 합니다. 학습과학은 철학·문학·사학 같은 전통적 학문이 아닙니다. 학습과학은 학습에 대한 이해를 도와주는 온갖 학문과 연구 분야가 융·복합된 하나의 '필드'field입니다. 그래서 사이언스를 단수로 쓰지 않고 복수 'sciences'로 씁니다. 사람이 하는 일 중에 가장 고귀한 배움의 과정, 배움의 경험을 심리학·언어학·사회학 그 어느 한 분야만으로 온전하게 이해하기 어렵죠. 앞에서 말씀드린 것처럼 저는 읽기와 리터러시를 학습의 차원에서 연구합니다. 읽는다는 것이 무엇인지 탐구하는 것 자체도 중요하지만 사람들이 어떻게 읽기 시작하고, 어떻게 읽는 법을 배우며, 어떻게 더 잘 또는 덜 읽게 되는지 공부합니다. 그리고 이 과정에 영향을 미치는 다양한 요인과 조건들, 그것의 영향에 대해서 탐구합니다. 사실 우리는 학습 또는 배움이라고 하면 대개 관습이나 경험 또는 어떤 문화적 규준에 의해 이해하려는 경향을 가지고 있어요. 가령 공부는 즐겁게 해야 한다, 성적이 안 좋은 아이들은 머리가 좋지 않거나 게으를 것이다 등의 가정 같은 것들 말입니다. 열심히 하면 누구든 잘할 수 있다거나 쉬지 않고 반복 훈련하면 뭐든 숙달할 수 있다는 것들 말입니다. 아이가 공부를 못하면 선생님을 탓하거나 공부에 부진한 아이를 둔 부모가 아이를 어떻게 공부 잘하게 만들 수 있는지 고민하는 것들. 이 모든 것에 대한 이해와 해결책을 자신들이 배워온 대로, 자신들이 가르쳐온 대로, 자신들이 경험한 학교 또는 사회적 학습의 규준에 놓고 설명하려고 합니다.

그런데 사실 배움은 매우 과학적으로 설명될 수 있습니다. 배움에 관한 수많은 이론과 연구, 과학적 데이터와 분석이 있습니다. 다양한 실험과 관찰, 설문과 검증이 있습니다. 배움에 대해서 과학적으로 이해하려는 노력, 그것을 과학적으로 설명하고 과학적으로 관련 문제들을 분석하고 해결하려는 태도가 필요합니다.

함돈균 생각해 보면 한국 사회에서 배움learning을 과학으로, 그러니까 어떤 방법론이나 이론적 차원에서 접근하거나 훈련하는 경우는 많지 않은 것 같습니다. 경험적으로도 그렇지만 이론적으로도 익숙하지 않은 것 같아요.

조병영 맞아요. 그런데 학습과학이 중요한 이유는 또 있습니다. 우리는 흔히 교육의 문제를 가르침의 문제로 바라봅니다. 아이들이 배움이 부족하거나, 능력이 모자라거나, 지식이 결핍되었거나, 역량을 발휘하지 못한다고 판단될 때, 그 원인을 교수 행위 또는 교수자에게 돌리려는 경향이 큽니다. 이런 경향 때문에 교육의 문제를 해결하기 위해 교육과정도 바꾸려 하고, 교과서도 바꾸고, 여러 가지 교실 환경도 바꿉니다. 무엇보다 교사들이 다양한 교수학습 방법을 익히기 위해 매우 노력합니다. 그런데 사실 아무리 잘 가르쳐도 배우지 않으면 그만입니다. 다시 말해, 아무리 교사가 좋은 교수 방법으로 잘 가르쳐도 학습자가 그 과정에 몰입하고 참여하지 못하면 참다운 배움이 일어나지 않습니다. 그러니까 교육문제 해결을 위해 가장 기본적으로 탐구되어야 할 주제는 바로 '학습', 즉 '사람들은 어떻게 배우는가'에 대한 물음입니다. 어떤 과정으로, 어떤 조건에서, 어떤 경우에, 어떤 문제와 자료를 가지고서 가장 잘 배우는구나, 이것을 알면 교육자가 할 일은 아이들이 가장 잘 배우는 환경과 조건, 자원과 기회를 만들어주는 것입니다.

같은 걸 배워도 초등학교 3학년 아이들과 중학교 2학년 아이들이 배우는 과정, 조건, 정서, 지적 자원 등이 모두 다릅니다. 대도시의 아이들과 지역 중소도시의 아이들이 같은 내용을 같은 방식으로 배우지 않습니다. 언뜻 보기에 비슷하지만 매우 미묘하고 유의미한 방식의 '다름'들이 있는데, 그런 것들을 포착하고 연구해 교육의 방법으로 전환할 때 새로운 교육이 시작됩니다. 학습자 중심 교육이 유행어처럼 되었는데, 학습을 모르고 그런 교육을 할 수는 없잖아요.

함돈균   귀국하시자마자 EBS 등의 방송에서 '리터러시' 기획 관련 자문과 출연 등을 통해 문해력 열풍을 일으키셨습니다. 사실상 한국 대학에서 리터러시 전공 1호 교수라고도 알고 있습니다. '리터러시'란 무엇이라고 규정할 수 있을까요? 문해력이라는 말과 동의어라고 볼 수 있나요?

조병영   두 번째 질문부터 답을 드릴게요. 먼저 문해력과 리터러시는 동의어라고 볼 수 있지만 그 의미가 상당히 다르게 쓰이는 것 같습니다. 문해력은 리터러시의 번역어입니다. 그런데 우리가 이해하는 문해력은 리터러시 초기 연구의 의미에 가깝습니다. 최근 저희 연구실에서 지난 10년간의 언론 자료를 텍스트 마이닝text mining 기법으로 조사했는데, 문해력이라는 말은 주로 기초학력, 학교 성적, 책 읽기라는 말과 함께 쓰였습니다. 대조적으로 리터러시라는 말은 미디어 리터러시, 디지털 리터러시, 미래 역량 등의 말과 함께 사용되었고요. 재미있는 현상이 아닐 수 없습니다. 같은 말이 이렇게 완전히 다른 맥락에서 다른 의미로 다른 사람들에 의해서 사용되고 있으니 말이죠.

좀 우습긴 하지만 저는 그래서 요즘 문해력을 리터러시의 관점에서 설명하려고 합니다. 문해력이 글을 읽고 이해하는 능력 정도의 사전적 의미가 아니라 훨씬 넓은 의미역을 가지고 있다고 강조합니다. 그러니까 한글을 깨치고 문자를 아는 등의 기호를 이해하고 풀어쓰는 것에서부터 그것으로 정보와 지식, 관점을 취하고 형성하는 과정, 종국에 다양한 세상사에 참여하면서 중요한 일들을 결정하고 첨예한 문제들을 해결하는 사회적 참여까지 봅니다. 그래서 문해력, 그러니까 리터러시는 텍스트를 매개로 하여 생각하고, 배우고, 표현하고, 참여하는 과정이며, 이것은 '실천적 의미 구성 과정' 정도로 정의할 수 있을 것 같습니다.

그러니 문해력이 단지 학교 공부나 시험 성적, 좋은 대학으로의 진학만을 위한 것은 아닙니다. 이것은 문해력이 좋아서 생기는 일종의 단기적·제도적 결과이지 그것이 문해력의 의미와 가치를 담지 못합니다. 문해력은 오히려 문자를 포함한 다양한 상징 기호들의 네트워크인 텍스트(흔히 글)를 특별한 상황과 목적에 맞게 이해하고, 창안하고, 활용하는 사회적 실천 행위고요. 이러한 사회적 실천 행위를 추동하는 것은 다양한 맥락에서 개인이 지각하고 판단하고, 정서 즉 마음과 태도에 의해 추동됩니다.

많은 학부모가 문해력을 어떤 능력이라고 생각합니다. 가령 글자 깨치기, 어휘력, 독해력 등이요. 그래서 그런 것을 잘 익히면 문해력이 좋아질 것이라고 생각합니다. 하지만 앞에서 말한 것들은 문해력의 기본이 되는 중요하고 핵심적인 요소이자 기술이지 그것들을 숙달한다고 해서 그것의 총체적 역량인 리터러시가 숙달되는 것은 아닙니다. 리터러시는 능력이라기보다는 실제 또는 실천, 즉 '그렇게 하는 것'에 가깝습니다. 다시 말해, 여러 가지 하위 기술들뿐만 아니라 그런 기술들을 사용하고 싶은 동기와 정서가 뒷받침되어야 하며, 그런 기술을 책임감 있게 사용할 수 있는 정체성도 필요합니다. 그러니 문제집 두 권 풀고 단행본 다섯 권을 읽어도 문해력을 섭렵할 수 있는 것은 아니죠. 오히려 텍스트를 꾸준히 읽고 쓰고 생각하고 판단하고 정리하고 생산하는 것 자체가 리터러시고, 그런 리터러시 경험을 통해서 더 좋은 리터러시를 실천할 수 있게 됩니다. 그리고 잘 훈련된 기술과 지식이 어떤 특정한 문제 상황에서 매우 유기적인 방식으로 선택·조합되어 맥락적으로 수행될 때, 그것을 일종의 리터러시 능력 또는 역량이라고 말할 수 있을 듯합니다.

학부모를 포함한 교육자와 대중이 문해력을 조금만 더 넓게 이해해 주시면 어떨까 싶어요. 공영 방송에서 다룰 수 있는 내용에는 한계가 많아요. 제한된 시간 안에 되도록 많은 대중이 즉각적으로 감각하고 이해할 수 있는 수준에서만 콘텐츠가 제공될 수밖에 없습니다. 그러니 방송에서 다룬 것 외에 더 크고 깊은 것들이 있으며, 그런 다양한 측면에 대해 좀 더 질문하고 알아나가면 좋겠다는 생각입니다. 제가 하는 대중 강연의 요지가 대부분 이렇습니다.

함돈균 한국에서 펴내신 첫 책의 제목이 '읽는 인간, 리터러시를 경험하라'입니다. 디지털미디어 시대가 도래하면서 '보고 듣는 시청각적 인간'이나 메타버스에서의 가상공간 경험이 실제 생활 영역을 지배하거나 대체하고 있는데요. 이 시점에서 '읽는 인간'이라는 문자매체적 정체성이 갖는 화두가 무엇일까요?

49

조병영 고대에 문자가 만들어지고, 책이 보급되고, 근대성이 확립되고, 탈근대성이 화두가 되며, 디지털 기술에 기반한 새로운 삶이 전개되는 이 세상에서 '읽는다'는 것은 인간을 규정하는 핵심어라고 생각해요. 그래서 호모 머시기 정도로 원시 인류 이름 같은 것도 만들고 싶은 생각이 있었습니다(웃음). 읽는 인간이란 사실 현대 문명 사회에서 온전히 살아가기 위해 가져야 할 필연적 정체성입니다. 읽지 않으면 살 수 없는 사회에 우리는 살고 있습니다. 내가 읽는 것이 무엇이건, 읽는 순간이 언제 어디건 간에 우리는 다양한 기호와 의미를 읽으며 생존하고, 학습하고, 성장해 갑니다.

저는 '읽는 인간'이 문자적 정체성에서 출발했지만 오늘날 읽는 인간의 정체성은 문자적 정체성을 넘어선다고 생각해요. 문자적 정체성에 기반하여 새로운 기호적 정체성의 측면들을 통합한다고 해야 할까요? 다양한 디지털적 기호들을 우리는 이미 널리 매일 자주 사용하고 접하며 살아가요. 여전히 문자가 가장 중요한 의미 표상 체계이며, 가장 정교하고 가장 보편적이며 가장 지속가능한 것이지만, 최근의 시각적·감각적·공간적 기호 체계들 역시 소통과 학습의 측면에서 상당한 효용성과 파급력을 가지고 있습니다. 그러니 우리 세대와 달리 지난 20여 년 전후로 태어나 이 세상을 살아가는 세대에게 읽는 인간이란 정체성은 상당히 하이브리드적일 겁니다. 이런 하이브리드적 정체성을 기성 문자 세대가 이해할 필요가 있을 것이고요.

그렇다고 해서 문자에 기반한 읽기, 리터러시가 그 가치와 효용을 잃지는 않을 것입니다. 디지털 세상이라고 하지만 문자가 없었다면 디지털도 없었을 겁니다. 모든 디지털적 사고와 사유, 계획과 실험은 사실 문자적 사유 체계라는 논리적 도구를 통해서 구체화되고 실현됩니다. 특별히 문자는 다른 시각적·감각적 기호들에 비해 현저히 추상적입니다. 추상적이라는 말은 즉각적으로 그 의미가 수용되지 않는다는 뜻입니다. 그러니까 추상적 기호를 해체하고 재구성하는 과정이 필연적으로 수반됩니다. 이런 과정은 반드시 인간의 의식을 거치게 되고요. 그런 점에서 문자 읽기와 쓰기는 매우 의식적인 인간 행위의 정수이자 의식성의 정밀함과 유연함을 증진시키는 좋은 활동일 겁니다.

현실적으로 봐도 여전히 문자는 우리 사회의 대단한 권력 쟁취 및 유지 수단입니다. 권력을 가진 사람 중에 문자에 익숙하지 않은 사람은 없습니다. 물론 그들이 그러한 문자적 리터러시를 윤리적·도덕적으로 책임감 있게 실천하고 있는지는 의문이지만요. 특별히 소통의 단절, 신뢰의 붕괴, 사유의 파편화, 진실의 불확정성이 일상이 된 사회에서 읽는 인간으로서의 정체성은 어찌 보면 매우 당연하지만 매우 특별한 정체성이 아닐까 합니다. 특별히 높이 올라가는 사람들, 우리 사회의 지도자나 엘리트 들은 잘 읽고 잘 써야 합니다. 단지 기술적으로 텍스트를 읽고 쓰면서 그것을 자신의 권력 유지와 나아가 타인에 대한 지배 도구로 의식적·무의식적으로 사용하는 무지와 무책임에 대해서는 문제를 제기해야 합니다. 이들에게는 태도와 책무성의 측면에서 특별히 리터러시가 재

교육될 필요가 있습니다.

모든 사람이 제대로 읽고 쓰고 소통할 수 있다면, 읽는 인간이라는 정체성이 그다지 솔깃하지 않을 겁니다. 사람들이 잘 읽지 못한다는 확고한 데이터는 없지만, 충분히 경험적으로 인정할 수밖에 없는 다양한 징후가 나타나는 시대에 읽는 인간의 정체성을 포기할 수 없을 것 같아요. 적어도 저 같은 교육자라면요.

함돈균 하신 말씀 중에 엘리트들, 지도자들이 잘 읽고 잘 써야 한다는 말씀이 특히 와닿네요. 잘 읽고 잘 쓴다는 말은 결국 아름답고 탁월한 생각을 생산하고 소통한다는 얘기인데요. 요즘 식으로 말하면 이게 문화적 밈^{meme}이고, 사유의 원재료 같은 것들일 텐데, 실제로는 엄청나게 오염되고 타락하고 아예 수준을 논할 수 없는 읽기, 쓰기, 리터러시 능력이 한국의 정치 지도자들의 영역인 것 같아요. 정치의 언어, 사회 지도자들의 언어는 공동체 배움의 장이 될 수도 있는데 말이죠. 외국에서는 정치인의 훌륭한 연설 자체가 아예 교육 텍스트로 쓰이기도 하잖아요.

조병영 그러게 말입니다.

함돈균 책의 부제가 '리터러시를 경험하라'입니다. 리터러시를 '경험' 한다는 것은 어떤 의미일까요?

조병영 역시 질문이 날카로우시네요. 배움은 경험에 기인합니다. 경험하지 않으면 배울 수 없습니다. 옛날 심리학에서 행동주의자들은 여러 가지 하위 기능이나 기술에 대한 분절적 훈련으로 배움이 가능하다고 봤습니다. 인지심리학이 대두되면서 그런 기능들을 배울 때 학습자가 어떤 방식으로 정보를 처리하고 지식을 구성하는지를 중요하게 생각했지요. 하지만 생각해 보세요. 그렇게 좋은 기술, 기능, 지식, 사고를 가르쳐도 그것을 학습자 스스로 경험하지 않으면 배움이 일어나지 않아요. 자신이 직접 그렇게 생각하고 읽고 쓰고 판단하는 것을 몸으로 체험할 때 학습이 일어나죠. 우리는 이것을 체화된 학습embodied learning 또는 맥락화된 학습situated learning이라고 부릅니다. 알게 된 기술과 지식을 실제의 문제 상황에서 지적·정서적·사회적 역량을 동원해 직접 적용하고 문제를 해결하는 실제적 학습입니다.

이런 면에서 '산 경험'lived experience은 최고의 배움입니다. 직접 살아 있는 경험을 함으로써 매우 구체적으로 배우는 것이죠. 그런데 학교에서는 이런 산 경험을 하는 일 자체가 어렵습니다. 제도로서의 학교가 원래 그렇게 만들어진 곳이기 때문이죠. 그래서 두 가지가 중요합니다.

하나는 어떻게 아이들이 '좋은 경험'을 하게 도와줄 것인가? 좋은 경험을 통해 자연스럽게 좋은 배움이 가능하기 때문이죠. 우리 사회 곳곳에서 일어나는 반지성적 사건들에 연루된 사람들을 보면, 대부분이 의식적으로 그런 일을 저질렀다기보다는 많은 경우 자신이 여태 경험했던 것들에 근거해 그렇게 했을 가능성이 높습니다. 그러니 어떤 사건이 터진 것은 그만한 역사와 경험의 축적에 근거한 것이지 단지 일회성으로 일어난 것이 아닙니다. 좋은 경험을 한 사람들은 좋은 방식으로 살기 마련입니다. 안 좋은 경험을 한 사람들은 안 좋은 경험들을 통해 배운 것들로 살아가는 것이죠.

다른 하나는 얼마나 좋은 경험을 할 수 있는 실제적 상황을 만들어줄 수 있는가입니다. 이것은 시뮬레이션simulation의 문제입니다. 앞에서도 말했지만 학교는 실제의 삶과는 동떨어진 문화적 공간입니다. 그렇다면 학교가 삶과 연계되는 진정한 배움의 공간이 되기 위해서 삶의 문제들을 시뮬레이션할 수 있어야 해요. 이런 점에서 디지털 기술의 역할이 기대됩니다. 가령 국회의원을 만나서 대화하고 지역 문제에 관해 토론할 기회가 아이들에게 주어지기란 거의 불가능할 겁니다. 하지만 메타버스의 공간이라면 어떨까요? 그 안에서 지역 국회의원을 만나 이야기하고 토론하거나 적어도 그의 아바타를 만나서 쪽지를 전달할 수 있겠지요. 아이들은 그 쪽지를 만들기 위해 자신이 가진 모든 지적·정서적·사회적 역량을 동원할 겁니다. 왜냐하면 직접 (사이버상에서) 만나서 쪽지를 전달할 것이기 때문입니다. 덧붙이자면, 학습과학 분야의 중요한 연구 주제 중 하나가 이렇게 실제적인 문제 상황을 어떻게 학습자에게 시뮬레이션으로 제공할 수 있을까, 하는 것입니다.

함돈균 작가로서 살아온 제가 생각해 보면 '읽는다'는 것의 함의는 생각보다 넓고 깊은 것 같습니다. 학습과학자의 관점에서 '읽는다'는 것의 함의는 어떻게 정의될까요?

조병영 앞에서 이야기한 내용으로 어느 정도는 설명이 되었다고 생각합니다. 저는 읽는다는 것을 세 가지로 봅니다. 기호, 의미, 세상, 이 세 가지를 읽는 것이다. '기호'란 문자적·시각적·감각적 상징 체계로서 '읽기'란 이것들을 풀어헤치는 과정이자 그것을 통해 그 기호들이 표상하는 다양한 정보·지식·관점·의견·주장·논리 등에 관해 스스로 '의미'를 구성하는 과정이죠. 마지막으로 그 의미들이 삶과 사회, 나와 우리가 살아가는 '세상'의 맥락에서 어떤 메시지와 어떤 가치를 갖는 것인지 판단하고 또 실제로 적용도 해보는 것이죠. 중요한 것은 기호, 의미, 세상의 매개체가 바로 텍스트고, 읽는다는 일의 핵심은 나의 기호, 나의 의미, 나의 세상을 텍스트의 기호, 텍스트의 의미, 텍스트의 세상과 연결지음으로써 새로운 이해에 도달하는 것이 아닐까 합니다. 어렵네요.

한국 사회의 리터러시 능력 또는 수준

함돈균 한국은 입시 경쟁이 엄청나게 치열하고 대학교육이 일반화된 세계적인 고학력 사회입니다. 교수님은 한국 사회의 리터러시 능력 또는 수준을 어느 정도로 보시는지요?

조병영 한국 사회 리터러시의 전체 그림을 그려볼 수 있는 연구나 데

55

이터가 부재합니다. 몇 가지 단편적인 자료와 사례들을 통해 추론할 수 있을 뿐이죠. 한 가지 현상은 우리는 세대 간 문해력 격차가 꽤 크다는 것입니다. 특히 젊은 세대의 문해력과 노년 세대의 문해력 차이가 큽니다. 이는 아마도 보편 교육 기회의 영향이 큰 듯합니다. 노년 세대가 제대로 읽지 못하는 건 사실 작은 문제가 아닙니다. 평균수명이 길어지고 이미 노령화 사회가 된 한국에서 60대 이상 노년 세대들의 사회적·정치적 목소리가 커질 수밖에 없습니다. 그런데 그들의 리터러시 역량이 부족하다면 그들이 어떤 사안을 이해하는 방식, 사람들과 관계를 형성하는 방식, 세상을 이해하고 세상일에 참여하는 방식에 어떤 어려움이 있을 수 있음을 주의할 필요가 있습니다. 정치 선거만 보더라도 노년 세대의 정보소통 방식이나 의사결정 방식이 상당한 정도의 영향을 미칩니다.

또 한 가지는 초·중·고등학생들의 경우 대체로 잘 읽지만 의외로 잘 못 읽는 학생들의 비중이 점차 증가하고 있다는 점입니다. 국제학업성취도 결과만 보더라도 한국 중·고등학생들의 컴퓨터 기반 읽기 리터러시 점수가 꾸준히 하향곡선을 그려왔습니다. 다시 말해 평균점수가 저하되어 왔다는 뜻인데, 이걸 모든 아이들이 점점 잘 못 읽는 것으로 해석하면 안 됩니다. 데이터를 분석해 보면, 평균점수 하락의 주요 원인이 매우 기본적인 수준 또는 그것에도 도달하지 못한 아이들의 수가 지난 15-20년간 약 세 배가량 증가했다는 점입니다. 한국 사람들은 똑똑하고 한국 아이들은 엉덩이가 무거워서 공부를 잘한다는 것은 사실 근거 없는 미신에 가깝습니다. 우리

아이들 중에도 글자를 못 읽거나 기본적인 줄글 독해가 되지 않는 아이들이 있습니다. 기초학력으로서의 문해력이 부족한 아이들이죠. 이들을 도와주어야 합니다. 영재교육, 스티브 잡스 만들기, 디지털 역량 인재 15만 명 양성 못지않게 이러한 어려움을 겪고 있는 아이들에게 정당한 시민으로서 살아가는 데 필요한 최소한의 문해력 학습의 기회를 제공하는 것에 관심을 가질 필요가 있습니다.

마지막으로 전 세대에 걸친 부분이긴 하지만 특히 젊은 세대에게 필요한 부분이 있습니다. 특별히 디지털미디어 공간에서 편향된 텍스트에 익숙해지기 쉬운 시대니까 그런 부분들에 대해서 적어도 한 번 멈춰 선택하고 판단하는 의식적 훈련이 필요할 것 같아요. 기술적으로 뛰어난 세대지만 정보의 분석과 그 이면의 맥락과 의미에 대한 비판적 감수성이 자신의 이념이나 신념의 테두리 밖에서 얼마나 유연하게 작동하고 있는지는 관찰하고 연구해 볼 부분입니다. 한 번쯤은 다른 사람의 생각, 다른 사람의 처지, 다른 사람의 상황을 고려하면서 동시에 자신의 경험과 신념이 전적으로 반드시 모두에게 모든 상황에서 옳거나 합당하지 않을 수 있음에 대한 일종의 자각 또는 성찰이라고 할까요.

이런 점에서 보면 문해력 교육, 리터러시 교육은 사실 세대별로 맞춤형으로 설계되고 제공되어야 하지 않을까 하는 생각이 들어요. 특별히 초·중·고등교육을 마친 사람들, 그러니까 이제 막 사회생활, 전문인의 생활을 시작하는 세대, 그리고 이미 오랫동안 학교 밖에서 살아온 노년층에게 필요한 문해력 프로그램과 정책, 인프라에 투자가 되면 좋겠다는 생각입니다.

함돈균 읽고 쓰는 기계가 등장하는 시대가 되었습니다. 이런 능력을 바탕으로 가까운 미래에는 많은 고소득 화이트칼라 직종들까지 인공지능화된 기계들에 의해 대체될 것이라고 합니다. 이렇게 보면 읽고 쓰는 능력은 사실상 인지능력과 관련되는 것 같아요. 기계와 인간의 학습능력의 차이를 어떻게 보시는지, 대립·경쟁·공생의 관점에서 지금의 문명 변화의 추세 속에서 의견을 말씀해 주실 수 있을지요?

조병영 사실 읽는다는 것을 정보의 검색과 선택 또는 취득이라고 보면 더 이상 인간만이 특징적으로 수행할 수 있는 읽기란 없다고 보는 편이 나을 것 같아요. 이미 기계가 훨씬 많은 정보를 훨씬 빠르게 그리고 훨씬 정확하고 효과적으로 처리하는 시대입니다. 더군다나 최근 진행되는 기계독해 또는 MRC^Machine Reading Comprehension의 성과를 보면 놀라울 정도입니다. 글 읽는 기계가 예전처럼 그렇게 허술하지 않아요. 이제는 같은 질문을 처음 할 때보다 다섯 번째 할 때 더 정교화된 대답을 기계가 제공하는 세상이에요. 인간에 의해 주어진 알고리즘으로 주어진 데이터 영역 안에서 정보를 이해하고 가장 적합한 대답을 예측하던 것을 넘어서 자신의 알고리즘을 지속적으로 유입되는 데이터를 반영해 새롭게 갱신하는 시대입니다. 기술의 발달 속도를 보면 섬뜩하기도 합니다.

그렇다면 인간과 기계는 읽는다는 점에서 어떤 차이가 있을까? 저는 그것의 가장 큰 차이를 의식과 성찰에서 찾습니다. 두뇌를 가진 동물의 의식성, 특별히 수천 년 동안의 문자 언어와 쓰기 체계, 읽기 및 이해라는 리터러시 활동을 통해 더욱 정교화된 인간의 의식성이란 인간을 인간으로 만들어주는 거의 유일한 사고 기제가 아닌가 합니다. 의식이 있으면 자기를 자기 마음에 그려볼 수 있어요. 나아가 남을 자기 마음에 그려볼 수도 있지요. 즉 공감이 가능해집니다. 더 나아가서는 다양한 맥락과 상황을 파악해서 나와 남 그리고 그 관계를 적용해 새로운 배움을 도모할 수 있어요. 마침내 자신의 의식 과정을 스스로 성찰할 수 있는 단계까지 가능합니다. 자신의 의식을 들여다보고 그것을 점검하고 조정하는 일종의 '자기성찰적 의식성'autonoetic consciousness이야말로 글을 읽고 쓰는 과정에서 가장 첨예하면서도 추상적으로 경험되는 것입니다. 기계는 데이터와 알고리즘을 통해 끊임없이 자신의 예측을 정교화해 나갑니다. 그러나 그것은 예측일뿐 그것이 의식과 성찰의 기제에 의해 자기수정된 결과물이라고 보기는 어려워요. 그러니 엄청나게 많은 새로운 데이터가 들어오기 전까지는 알고리즘이 수정될 이유도 없죠. 그러나 인간은 지속적이고 광범위한 데이터가 유입되지 않더라도 미묘한 경험의 차이, 맥락의 차이, 목적의 차이, 관계의 차이 등을 통해 의미를 구성하고 그 과정을 매우 직관적이면서도 정교한 방식으로 조정합니다.

그래서 저는 늘 하던 방식대로, 매우 관성적이고 자동화된 방식으로 정보를 처리하는 읽기는 더 이상 기계의 읽기와 구별되기 어렵다고 말하고 싶습니다. 인간의 읽기는 의식의 기제와 성찰의 메커니즘을 통해 정보를 분석하고 해석하고 판단하고 조정하는 일을 의도적으로 진행해요. 그러니 한 번 멈추어 자신이 읽는 방식, 자신이 생각하는 방식, 자신이 판단하는 방식을 뒤돌아 살펴볼 수 있는 태도와 능력, 그래서 자신의 모습을 다시 그려볼 수 있는 능력이 인간만이 수행할 수 있는 의식적 리터러시 과정의 요체가 아닐까 생각합니다.

함돈균 　근대 세계의 철학적 프레임을 디자인한 사람이 데카르트인데, 그의 가장 중요한 책이 《성찰》이라는 책이죠. 데카르트는 그 책에서 인간이 얼마나 꼼꼼하고 철저하게 성찰할 수 있는지, 철학적 반성을 수행할 수 있는지 방법론을 디자인했어요. 교수님 말씀을 들으면서 근대 체계를 넘어서는 이 시점에 다시 그 책이 떠오릅니다. 그런데 앞서 말씀해 주신 부분도 있지만, 사회에서 많이 쓰는 '디지털 리터러시'라는 말과 일반적 리터러시 개념 사이에 차이가 있을까요?

조병영 　디지털 리터러시, 미디어 리터러시, 소프트웨어 리터러시, AI 리터러시, 심지어 요즘에는 부동산 리터러시도 있던데요(웃음). 리터러시라는 말이 유행어가 되면서 무언가에 대한 지식이나 소양 등의 의미를 살리기 위해 많이 사용하는 것 같아요. 디지털 리터러시는 폴 길스터Paul Gilster라는 사람이 처음 책을 출판하면서 사용한 말입니다. 디지털 정보를 선택·통합·

평가하는 능력으로 보았어요. 그러나 지금은 의미가 많이 확장되어 디지털적으로 읽고 표현하고 소통하고 수행하기 위해 요구되는 복합적인 역량 정도의 의미가 된 것 같습니다.

저는 굳이 디지털 리터러시라는 말을 쓰지 않습니다. 물론 부동산 리터러시라는 말도 안 쓰고요. 대신 저는 '디지털 시대의 리터러시'라는 표현을 합니다. 디지털 리터러시는 리터러시의 한 종류, 유형, 맥락, 방식일 수 있습니다. 그러나 우리가 살고 있는 이 시대가 디지털적이라고 해서 반드시 디지털 리터러시만 요구되는 건 아니겠죠. 오히려 디지털적이지 않은 리터러시도 많이 요구됩니다. 다양성에 대한 리터러시, 비판적 리터러시, 그리고 가장 기초적이고 섬세한 문자 리터러시. 그러니 디지털 시대의 리터러시라고 해야 우리에게 필요한 다양한 형식·유형·양상·방식·맥락·목적의 리터러시를 포괄적으로 논의할 수 있어요. 디지털 시대에 요구되는 복합적이고 다면적이며 다양성을 추구하고 변화를 지향하는 리터러시에 주목합니다. 사람들이 말하는 디지털 리터러시도 그 중 일부고요.

읽는다는 것은 공동체의 역량

함돈균　교수님의 강의나 책을 보면 리터러시 문제를 민주주의 사회의 소양 능력과 관련해 논하시는 게 인상적입니다. 즉 이 문제를 학습능력의 차원을 넘어 보다 인문학적이고 사회적인 관점에서 말씀하시는 것 같습니다. 리터러시와 사회 공동체가 맺는 중요성을 지금 시점에서 짚어주신다면요?

조병영 저는 리터러시를 텍스트로 매개되는 생각과 삶의 방식이라고 정의합니다. 내가 생각하고 배우고 알아가는 방식, 그래서 내가 공동체에서 소통하고 협력하고 참여하면서 살아가는 방식 말이죠. 그리고 이러한 일(즉 생각과 삶의 일)들에 텍스트를 읽고 쓰는 일이 반드시 수반될 수밖에 없습니다. 왜냐하면 인간은 의미를 반드시 텍스트를 통해서 소통하거든요. 텍스트가 없으면 온전히 구성된 의미를 서로 교환할 수 없죠.

가만 우리 사회를 보면 제대로 읽지 못하고 쓰지 못해서 생기는 문제가 너무 많습니다. 그것은 일과 생활을 떠나 공동체와 국가 차원에서 볼 때 더욱 심각합니다. 한국의 선거뿐만 아니라 세계 여러 나라의 경우에서 시민의 리터러시가 그 사회의 정치적 의사결정에 얼마나 심대한 영향을 미치는지 아주 잘 알 수 있어요. 영국의 유럽연합 탈퇴, 미국의 트럼프 대통령 당선, 필리핀의 봉봉Bongbong Marcos 대통령 당선 등을 보면 욕망의 권력자들은 허위 텍스트로 진실을 가리고, 무관심하거나 편향된 사람들은 그 텍스트를 믿고 따릅니다.

그러니까 읽는다는 것은 공동체 역량입니다. 일견 나 혼자 읽는 것 같지만 내가 읽은 것은 나의 생각과 가치관 및 세계관과 판단력의 밑바탕이 됩니다. 나처럼 다른 사람도 그렇게 읽고 생각하고 판단합니다. 그리고 이런 것들이 예기치 않은 어느 시점과 맥락에서 다각도로 접합되어 시민적 의사결정의 형태로 나타납니다. 여론도 그런 것이고 연대도 그런 것입니다. 위정자들이 하는 일들을 시민이 직접 알 길은 없습니다. 시민들은 유일하게 '읽음'으로써 지금 이 시대의 정치가 어떻게 돌아가는지 어렴풋이 추론할 수 있습니다. 기사도 읽고, 방송도 읽고, 논평도 읽고, 칼럼도 읽고, 재판 판결문도 읽고, 정책도 읽고, 연설도 읽고, 기자회견도 읽고, 이런 모든 읽는 일을 통해 생각하고 판단합니다. 어떤 여론이 만들어지는가는 시민들이 집합적으로 어떻게 읽는가의 문제입니다.

그러니 제대로 읽는 일이 어찌 중요하지 않을까요. 물론 혹자들은 미디어를 탓합니다. 동의합니다. 그러나 미디어가 잘못되었다고 미디어 없이 살 수 없으며, 그것은 그것대로 교정하고 개선해 나가야 합니다. 하지만 안타까운 현실은 다양한 개인 미디어와 공적 미디어가 제 역할을 하지 못하거나 오히려 시민의 사유에 독이 되는 일들을 할 때, 우리는 그것에 무방비로 노출될 수밖에 없다는 사실입니다. 이런 위험 노출에 대비할 수 있는 거의 유일한 힘이 리터러시입니다. 스스로 읽고 판단할 수밖에 없는 것이죠. 미디어를 민주주의의 제4부라고 하잖아요. 하지만 미디어만 믿고 뭔가를 정확하게 판단하기 어려운 시대가 되었어요. 그러니 리터러시라는 우리 모두 각자의 마음속에 설치된 제5부의 기능이 필요해졌죠.

함돈균 고비용 학력사회임에도 불구하고 역설적으로 리터러시 능력이 떨어지는 이유는 무엇일까요?

조병영   이유는 너무 많지만 무엇보다 리터러시의 가치가 중요하지 않은 환경을 들고 싶습니다. 제대로 읽고 쓰고 판단하고 그걸로 의견도 피력하고 토론하고 문제도 제기하고 그걸 해결하기도 하는 일들이 말로만 미화되는 세상이죠. 현실적 보상은 이런 종류의 리터러시에서 얻기 어렵다는 생각을 누구나 합니다. 학교 교과서를 정확하게 이해해서 진도를 다 떼고, 사교육으로 선행해서 읽은 걸 또 읽고 외우고 시험보고, 문제풀이 기술을 집약적으로 배워서 성적을 올려 좋은 학교에 진학하고 좋은 회사나 공직에 취업하는 일이 훨씬 보람 있는 사회죠. 그러다 보니 사회 전반적으로 좋은 리터러시를 경험하지 못하게 되었습니다. 서로 존중하면서 명랑하게 읽고 대화하고 소통하는 일이 아름답게 경험되기보다는 시간 낭비, 불필요한 언쟁, 편 가르기, 갈라치기, 근본 없는 투쟁과 질시가 만연한 공간이 된 것 같기도 하고요.

지나치게 비관적이고 싶지 않지만 실제로 많은 청소년이 이런 리터러시 환경에서 자라나고 있어요. 그런데 학교가 그걸 어떻게 해주지를 못합니다. 학교도 '제 코가 석 자'거든요. 그러니 학교는 학교대로 생활은 생활대로 분리되고, 한 시민으로서 공동체 구성원으로서 평생을 살아가는 데 필요한 실제 역량들이 소홀하게 되죠.

함돈균   대전환이 이뤄지는 문명의 추세 속에서 인문학이 자신의 관점과 연구를 사회 변화를 위한 가이드로 사용하면 좋겠다는 생각을 많이 합니다. 그러나 유감스럽게도 한국 사회, 한국 대학에서는 좀처럼 신선한 시도들이 보이지 않습니다. 교수님의 연구 성격은 중장기적으로 큰 사회적 파급력을 지닌 것으로 보입니다. 한 명의 실천적 인문학자로서 본인의 연구를 대학 바깥의 사회와 적극적으로 연계해 보고자 하는 계획 같은 게 혹시 있으실지요? 있다면 그 방향은 어떤 것일까요?

조병영 아직 구체적인 계획은 없지만 늘 어떤 일관성 있는 연구자로서의 정체성에 대해 고민하고 있습니다. 그런 점에서 제가 하는 일이 그간엔 학습자와 학교에 집중되었다면, 이제는 학습자 중에서도 고립되거나 소외된 학습자, 학교 밖에서 고민되고 조정되고 해결될 수 있는 문제들에 대해 생각하고 있습니다. 가령 최근에는 학습자의 리터러시 경험과 주관적 웰빙(스스로 생각하는 자기 삶의 만족감)의 상호관계에 대한 실천연구를 시작했어요. 연구문제가 간단하면서도 어려워요. 잘 읽고 잘 쓰면 행복해질까, 초등학교 아이들이 상호작용적 온라인 수업을 통해서 좋은 리터러시를 경험하고 또 그런 능력을 키울 수 있을 때, 그들이 스스로의 삶에 대해 생각하는 태도도 긍정적으로 바뀔 수 있을까, 하는 연구죠. 학교·생활·공간·관계에 대한 글과 자료와 영상 및 데이터를 읽고 분석하면서 자신과 삶에 대해 다시금 생각해 보게 하는 계기를 마련해 주는 것이지요.

좀 더 나아가 세대별 경험 기반 맞춤형 문해력/리터러시 프로그램 제공에 대해 생각하고 있어요. 문제집 풀고 끝나는 식이 아니라 전 세대 시민들의 인문적 시민 역량으로서의 리터러시를 실제적·문제해결적으로 경험할 수 있는 배움의 기회 말이죠. 이런 분야에 정부나 민간 기업의 혁신적 투자가 이루어지면 좋겠어요. 기존의 도서관이나 새로운 온·오프라인 인프라를 구축하는 기획도 제안해 보면 좋겠다는 생각입니다.

결론적으로 말해, 확장을 모색하고 있습니다. 리터러시는 텍스트로 매개되고 촉진되고 경험되는 생각과 삶의 방식이자 그러한 경험의 전 과정에 관한 의식적 성찰이잖아요. 사람들이 이런 리터러시의 의미와 가치를 몸소 느껴볼 기회를 여러모로 만들어주고 싶습니다.

문영훈

분산자율조직DAO 인큐베이팅 회사 이소스피어Isospher 리더

새로운 커뮤니티 경제생태계
그리고 사회의 미래

에듀케이션과 페어런팅

함돈균   민사고(민족사관고등학교)를 나와서 옥스퍼드 대학에서 공부
했습니다. 한국 사회의 제도교육 생태계 관점에서 보면 매우
하이클래스에 속하는 여정을 거쳤는데요. 지금 그 성공이 의
미하는 전형적 과정과는 조금 다른 경로를 개척하는 듯합니
다. 블록체인을 통해 새로운 생태계 실험을 하고 있는데요.
커뮤니티 실험의 관점에서 보면 급진적 이상을 아주 새로운
기술에 담는 실험처럼 보이고, 어떤 면에서는 금융시장 같은
제도경제권에 더 편리한 시장을 개척해 주는 것처럼 보이기
도 합니다. 아무튼 리스크테이킹risk taking이라는 측면에서는 모
험적인 것 같아요. 본인이 지나온 소위 '성공한' 제도교육 과
정의 의미에 대해 지금 시점에서 스스로 평가해 본다면 어떤
얘기를 할 수 있을까요?

문영훈   기존의 한국 제도를 비판적으로 바라본다기보다는 제 자신
의 교육 과정을 한국 사회의 맥락 안에서 좀 객관적으로 보
고 싶어요. 지극히 개인적인 차원에서 솔직하게 그 과정을 짚

어보면, 저는 기본적으로 학교 공부하는 걸 좋아했어요. 재미 있어 했어요. 이건 아주 우연이고 운이 좋았던 건데, 제 개인 의 취향이나 성취가 제도교육이나 사회의 주류 영역에서도 좋아하고 활용성이 큰 영역이었기 때문이죠. 특히 제가 좋아 했던 영역이 수학, 과학, 영어였습니다. 초등학교 3학년 때부 터 과학영재, 수학영재를 뽑는 데가 있더라고요. 그래서 초등 학교 3학년 때부터 경기도청에서 하는 영재 프로그램에 참여 했어요. 그때 당시 영재 프로그램이라는 게 유행하기도 했던 것 같아요. 영재라는 말이 어떤 규정에서였는지는 그때나 지 금이나 잘 모르겠는데, 저는 과학과 수학을 좋아했으니까요. 초등학교 3학년 때부터 저는 제도교육의 수혜자였다고 할 수 있죠. 한국 제도교육의 가장 큰 수혜를 받은 사람이라고 생각 하고 있습니다. 올림피아드에 나가서 수상도 하고, 운이 좋았 죠. 다른 친구들은 자신이 좋아하는 걸 학교나 사회에서 인정 을 안 해주는 경우도 많으니까요.

그런데 여기에서 제 개인 경험을 사회적 차원에서 얘기할 때 꼭 짚어보고 싶은 게 있어요. 페어런팅parenting이에요. '육아'라 고 번역해야 하나요? 부모의 역할이죠. 저는 민족사관고등학 교에 다녔는데, 거기는 등록금이 비쌉니다. 그걸 지원할 수 있는 부모님을 만난 것 자체가 행운이죠. 보통 교육 문제에 대해 이야기할 때 진보적 입장을 지닌 분들은 교육 시스템의 혁신을 많이 강조해요. 그런데 실제로 개인의 성취라는 측면 에서 보면 에듀케이션보다 더 크게 작동하는 것이 페어런팅 이에요. 이건 뒤에서 다오DAO에 대해 말씀드릴 때도 중요한 문제인데요.

함돈균 페어런팅, 그러니까 한 가정 내에서 교육에 관한 부모의 역할을 말씀하시는 거군요.

문영훈 그렇습니다. 페어런팅을 안 건드리고 에듀케이션을 건드릴 수 있느냐가 교육 문제를 바라보는 제 화두입니다. 제 주변의 개인 성취가 뛰어나거나 사회적 성공을 크게 한 친구들을 보면 좋은 에듀케이션과의 상관관계보다는 좋은 부모, 특히 경제적 지원과의 관계가 더 크다는 거죠. 계층구조를 다루지 않고 에듀케이션만 다뤘을 때 과연 그것이 실효성 있는 분석이냐는 거죠. 그래서 페어런팅과의 관계, 사회의 빈부격차와 계층구조를 통합적으로 다루지 않으면 안 된다고 생각합니다. 저 역시 제 선택을 학업기간 지속할 수 있게 해준 재무적인 것, 정신적인 것, 내 꿈을 지지해 주는 사람들 등 눈에 안 보이는 것들이 더 크게 있는데, 에듀케이션 시스템에서만 보면서 너는 민사고 갔구나, 옥스퍼드 갔구나, 그런 것들만 많이 부각되는 것 같아서죠.

제가 민사고를 간 것도 부모의 노력과 아이의 노력이 합쳐진 경우라고 말씀드리고 싶어요. 능력주의라는 프레임도 주변의 친구들이나 저를 볼 때, 실은 본인의 능력보다 부모의 능력이 50퍼센트 이상이라는 생각이 들기까지 해요. 물론 경제적 측면만 얘기하는 건 아닙니다. 제가 어린 시절 공부한 과정을 생각해 보면, 제가 공부할 때는 어머니가 항상 옆에 계셨어요. 거의 모든 과정에서 어린 시절 제 학습 습관이 형성되던 시기에 부모가 그렇게 옆에 있었다는 사실을 과소평가할 수 없죠. 이건 대학도 마찬가지입니다. 옥스퍼드 대학은 학비도 비싸지만 생활비도 엄청 많이 듭니다. 재무적으로 지원해 주고 마음으로 지지해 준 부모의 존재, 부모와 학생 간의 콜라보레이션collaboration으로 봐주시면 좋을 것 같아요.

그런데 이 페어런팅 문제를 학제 시스템상의 문제에도 적용해 볼 수 있다고 봅니다. 예컨대 옥스퍼드 대학에도 학교의 전체적 차원에서 에듀케이션 시스템이 있는 것과 동시에 페어런팅이라고 할 만한 요소가 있어요. 세계적인 석학들 옆에서 받는 튜토리얼tutorial 시스템이죠. 배움이라는 측면에서 교수들이 학생들과 맺는 구체적이고 친절한 케어 시스템. 제가 경험한 옥스퍼드 대학의 교수들은 너무나 높은 학문적 성취를 이루셨지만 정말 겸손하고 순수하고 학문적 자세가 진지합니다. 그걸 보고 큰 감명을 받았고, 이게 그냥 말로나 논리적으로는 설명이 안 되는데, 뭔가 깊은 배움과 각성이 제 안에 그때 들어온 것 같아요. 한국 대학은 제가 경험을 안 해봐서 비교하기 어렵지만, 제가 교육받은 곳이 지구상에서 매우 특별한 곳이었다는 믿음은 분명히 있습니다.

함돈균 세상이 급격한 변화를 겪는 시기에 와 있습니다. 거의 문명론적 변화인데요. 근대 산업 체제와 사회 체제를 만드는 데 기여한 사회 기제가 바로 대학입니다. 그래서 사회의 대변혁은 대학의 위기 담론과도 긴밀한 관련을 갖고 있어요. 옥스퍼드

대학이라는 역사가 깊고 어찌 보면 대학 제도의 원형을 보여
주는 클래식한 대학을 경험하셨습니다. 한국의 대학과 옥스
퍼드 사이의 눈에 띄는 차이가 있을까요? 또는 그 경험을 통
해 대학의 현재 상황과 관련하여 해주실 얘기가 있을까요?

문영훈 옥스퍼드 대학과 한국 대학의 대척점도 있겠지만, 지금은 옥
스퍼드와 한국 대학을 포함한 글로벌 대학 체계 자체와 새로
운 시스템 간 대립에 더 주목해야 하는 시기인 것 같아요. 제
가 관여하고 있는 블록체인 기술과 관련해서 보면, 가장 큰
문제의식은 제도교육 과정이 지금까지는 대체로 대학을 중
심으로 결말을 맺고 20대에 갑자기 끝이 난다는 사실에 주목
합니다. 평생교육이라는 말이 있는데 제도적으로는 과연 지
금 실질적으로 그러하냐는 거죠. 그와 비슷한 취지의 제도가
있어도 실제로 대학에서 이루어진 수준의 교육 내용이나 텍
스트의 수준이 졸업 이후에는 갑자기 절벽처럼 떨어지는 것
같아요. 대학 과정이 끝나는 순간 모든 배움의 대상이 '일반
인' 수준으로 떨어지고, 접하는 책의 수준도 그렇죠. 대학생
이 '일상인'이 됩니다. 20대 중후반에 회사에 들어간 후부터
업무에 투입되면 제도교육이라는 것 자체가 존재한다고 보
기 어려울 지경이죠.

제 예를 들어볼게요. 제가 스무 살 때 니체를 읽은 것과 지금
니체를 읽은 것이 너무 다르거든요. 지금 니체를 읽었을 때 더
깨닫는 게 많은 것 같아요. 그러나 실질적으로 사람들은 스물
세 살 때 대학에서 더 많이 고전을 읽습니다. 어떤 사람들은

이때의 독서 경험이 유일하죠. 깊이 있는 사유의 탐구나 텍스트 경험은 대학 졸업을 마지막으로 끝납니다. 더불어 이런 얘기를 할 수도 있어요. 대학에서 니체를 읽을 때 스물세 살짜리 학생들 30~40명이 모여 집단으로 읽는 게 과연 적합한가. 그리고 동일성에 관해서도 얘기할 수 있어요. 동일한 나이의 동일 전공 학생들이 모여 책을 읽는다, 이런 게 얼마나 사유의 다양성을 촉발할까요? 현행 대학 모델에는 다차원적 요소가 부족한 것 같아요. 다양한 나이 그룹의 다양한 문화적 배경을 가진 다양한 분야의 사람들이 같이 니체를 읽는다면 훨씬 더 사유의 스펙트럼이 넓어지겠죠.

이런 문제들은 제가 블록체인 기반의 일들을 하면서 세미나를 진행하며 더 느끼게 됩니다. 제가 블록체인을 제대로 하기 위해 '돈의 철학'에 대해 배우려고 하면 저보다 훨씬 나이가 많은 분들, 정말 다양한 분야의 다양한 연령대 사람들과 함께 하거든요. 그때 그룹 내부에서 서로 선생님이 돼주고 인생 멘토가 돼줍니다. 앞서 말씀드린 페어런팅의 느낌이 이런 방식의 다양성을 통해서도 구현되는 거죠. 어떻게 보면 지금 에듀케이션 시스템에서 부족한 이런 종류의 다양성을 확보하는 것은 사회적 부모, 사회적 케어를 진화시키는 방식이라는 생각이 듭니다. 그래서 이런 경험들을 조직해 나가는 과정 자체가 퍼블릭 에듀케이션의 한 측면이 되지 않을까 생각하고, 그러면 '대학'이라는 시스템 자체도 저에게는 너무 부족한 시스템인 거죠. 어쨌든 저는 지금 가장 큰 제 인생 사명 중 하나를 옥스퍼드를 포함한 대학 시스템의 대안교육 모델을 새로운 기술과 융합시켜 제시해 보는 일로 생각하고 있습니다.

학문의 아름다움과 유용성

함돈균 저도 새로운 교육디자인을 계속해 온 사람으로서 공감이 가
고 흥미롭네요. 역시 개인적 경험에 관한 질문입니다. 수학이
라는 추상도가 높은 순수학문과 컴퓨터공학이라는 기술적 첨
단이랄까요, 산업의 핵심이 되는 분야를 동시에 전공했습니
다. 이런 전공의 공존이 개인에게 주는 의미는 무엇일까요?

문영훈 옥스퍼드에서는 수학과 컴퓨터공학을 복수 전공했습니다.
제가 수학에 매료되는 것은 존재에 관한 관심 때문입니다. 예
컨대 '무한'이라는 개념이 있다면 그것은 어떻게 존재하는 것
이고, 그게 실재에서는 어떤 양상을 가지는가, 하는 질문 같
은 거죠. 그런데 컴퓨터공학은 엔지니어링, 그러니까 공학적
이죠. 우리가 아는 지식을 이용해서 어떻게 실제 생활에 사용
할 수 있는 결과물을 만드느냐, 그 과정을 하나씩 하나씩 다
밟아야 하는 거죠. 수학이 파인아트에 가깝다면 컴퓨터공학
은 엔지니어링이죠.

함돈균 논리적으로는 비슷해도 실상은 아주 다른 방법과 감성에 기
초해 있죠.

문영훈 그렇습니다. 그 두 전공을 사람들은 비슷하다고 생각하는데 막상 가보면 사고의 모드 전환이 쉽지 않습니다. 정말 어려워요. 물론 드물게 그걸 둘 다 높은 수준에서 잘하는 사람도 있어요. 이더리움을 만든 비탈릭 부테린 Vitalik Buterin 같은 경우가 대표적인 예인데, 이론과 실행은 성격이 완전히 다르죠. 저는 수학에서 컴퓨터공학으로 가는 게 너무 힘들었어요. 저는 확실히 수학이 더 좋았던 사람이에요. 제게 수학은 미학적인 영역이었죠. 어떤 결과물을 얻어내기 위해서라기보다는 그냥 수학 자체가 좋았으니까요. 어떤 진리에 가장 아름답게 도달하는 과정 그 자체가 제게는 매우 큰 지적 만족감을 주었기 때문에 수학을 했던 거고요. 그런데 공학을 하면서 삶은 이론처럼 딱딱 맞아떨어지지 않고 아름답지 않을 수 있다, 이런 걸 알게 되었죠. 제가 생각한 이론적 아름다움은 경험적 현실에는 없을 수 있다는 생각.

컴퓨터공학을 공부하면서 처음엔 수학이 좀 더 위에 있는 학문이라고 생각했어요. 그런데 막상 하다 보니 이 안에서 또 아름다움을 발견하게 되고, 실행할 때는 정말 엉성하고 투박해 보이는 한 스텝 한 스텝이지만 매 스텝마다 창조적 의미가 있었어요. 그다음 스텝으로 미지의 영역에 들어갈 때는 이론적 아름다움을 깨뜨려야만 무언가를 할 수 있었죠. 그러니까 자기가 생각하는 원래 프레임이 딱 있어서 거기에만 맞춘다는 것이 실제로는 엄청 위험하고 어떤 이데올로기적 경직성 같은 것일 수도 있다는 생각이 들었어요.

지식인 중에는 현실이 자기 생각의 프레임에 딱 안 맞으면 바로 포기해 버리거나 그 둘을 대립 관계로 이해하는 경우가 많은데, 제가 양쪽을 다 공부하면서 이런 경직성이나 이분법 등을 넘어서는 훈련을 하게 된 거죠. 예술가와 지성인에게 적잖게 나타나는 인내심 부족에도 이런 경직성이 있는 것 같고요. 배움의 공존이랄까 융합이라는 게 이런 점에서 많은 도움과 깨달음을 주는 것 같습니다.

함돈균　허준이 교수가 수학계의 노벨상이라고 하는 필즈 메달을 받았는데 문득 시인이 되고 싶었다고 하는 그의 수상 소감이 생각나는군요. 그에게는 그 둘이 공존하고 있었고, 어떻게 보면 그 둘이 크게 다른 것이 아니라는 인상을 받았어요.

문영훈　저는 그분의 소감이, 그분의 말씀이 당연한 얘기 같았어요. 위대한 수학자의 입에서 나오는 당연한 말씀. 어떤 수학적 우아함을 쫓아서, 그 자체가 좋아서 수학을 했던 대가로서는 말이죠. 제가 보기에 수학은 존재에 관한, 어떤 실재에 관한 것이에요. 일상적 경험세계 안에서 다르게 보이는 현상들 간의 내적 필연성과 추상적 원리를 통해 동일성의 공리를 확보하는 일. 그런데 그게 실은 수학의 정신과 시적 정신이 맞닿아 있는 부분이 아닐까 해요. 경험적 현상, 감각을 깎아내어 본질에 다다르는 수학의 원리화가 계속 깎아내고 깎아내어 사물의 본질에 다다르는 한 편의 시 같은 게 아닐까. 저는 수학을 실재에 관한 어떤 미학적 원리화라는 점에서 보는 면이 있는데, 허준이 교수님도 그런 점에 공명하고 있는 게 아닐까 생각했습니다.

함돈균   개인적으로 그런 수학 정신을 기르는 데 어떤 훈련이 필요했
나요?

문영훈   저 같은 경우에는 수학이라는 학문에서 요구하는 어떤 정신
을 수양하는 구조적 체계들을 어릴 때부터 훈련받았어요. 쉽
게 말하면 어떤 수준의 난이도가 있는 수학 문제를 매일 풀고
증명하고 수학적 방법론을 위한 기술을 연마하는 것이 엄청
나게 중요했고요. 특히 수학적 정신이라는 것이 실은 디지털
처럼 0 아니면 1은 아니기 때문에 순간순간 연마하면서 깃드
는 어떤 보이지 않는 지성적 힘이 강화되는 것 같았어요.
그리고 제 경우는 저를 지지해 주는 응원자로서 어머니의 사
랑이 큰 힘이었어요. 또 저는 정신의 훈련에는 약간의 나르시
시즘도 필요하다고 생각해요. 저는 어릴 때부터 '너 천재니?'
라고 물으면 '예'라고 답했거든요. 이게 통상적으로 사람들이
저를 천재라고 불러서가 아니라 천재는 의지의 산물이라고
저는 생각했기 때문이죠. 보통 사회에서는 남이 세워준, 이미
사회적으로 합의된 통념에 따라 자기 자신이 천재인지 아닌
지를 생각하죠. 그런데 저는 그런 기준을 따르기보다는 자기
가 특별하게 잘하는 것을 사회가 설득될 때까지 관철시키는
것이라고 봐요. 사회의 기준을 맞춰주는 게 아니라 자신의 기
준을 설득시키려면 포기하지 않는 의지도 필요하죠. 약간의
건전한 나르시시즘. 수학을 하면서도 그런 자기의지를 의식

77

했던 것이 저를 지속시키는 데 큰 도움이 된 것 같습니다.

블록체인 기술의 잠재력

함돈균　　그런 학업 과정을 거쳐 지금은 기술을 통해 특별한 비즈니스 영역을 개척하는 일로 나아가고 있습니다. 지금 주업에 관해 소개받을 수 있을까요?

문영훈　　블록체인 기술을 전파하는 일을 하고 있다고 보시면 이해가 간단할 것 같고요. 제가 2014년에 처음 비트코인을 접했어요. 비트코인이 2009년에 나왔으니까 나온 지 5년 정도 된 시점이었죠. 그때 블록체인 기술과 비트코인 철학에 깊은 인상과 감명을 받았어요. 비트코인 백서와 비트코인 커뮤니티를 보고 그때부터 공부하기 시작했고요. 약간의 수학적 아름다움에 매료된 것도 있었고, 두 번째는 이 기술이 사회·정치·경제 시스템을 근본적으로 바꿀 수 있는 잠재력이 엄청 크다고 판단했어요.

그때 당시 저는 해군에서 통역장교 생활을 하면서 특별한 파트너를 만났고, 사람들은 블록체인 기술이나 철학에 대한 이해가 없는 상황에서 갑자기 코인 가격이 올라가자 블록체인 기술에 관한 관심이 높아지던 시기였어요. 그때 영상 등을 만들어 그 기술의 의미를 소개하는 일을 시작했고, 결국 커뮤니티를 만들게 되었죠. 그때 만든 커뮤니티가 '논스'nonce라는 이름의 커뮤니티가 되었어요. 그러면서 화폐 시스템과 법률 시스템이 새로운 방식으로 연결되고 인간도 연결된다는 확신을 하게 되었죠. 직접 커뮤니티 빌딩도 해봤고요. 그러면서 사람들의 삶의 방식이나 업무 방식이 독특하게 결합된 새로운 조직구조 형태가 출현하는 것을 발견했고, 이것이 블록체인 글로벌 커뮤니티로 점진적으로 유기적으로 발전되고 연결될 수 있다고 확신하게 되었죠.

함돈균 지금 하는 일은 논스 커뮤니티 일은 아니죠?

문영훈 지금은 논스와는 별도의 비즈니스를 시작했어요. '다오'DAO 라고 하는 블록체인 기반 커뮤니티를 비즈니스적으로 인큐베이팅하는 일을 하고 있습니다. 다오는 '분산자율조직'Decentralized Autonomous Organization의 약자예요. 20세기 자본주의의 꽃이 주식회사였다면, 그와는 다른 구조의 새로운 경제 활동을 조직하는 방법이라고 보면 좋을 것 같아요. 블록체인 시스템에서 부분적으로나 지역적으로나 특정 영역별로 일할 수 있는 방법론과 도구들이 발생하기 시작했고, 다오는 그 도구들을 활용한 새로운 조직 시스템입니다.

저는 이 다오라는 새로운 조직구조가 사람들에게 아직 익숙하지 않기 때문에 그 구조의 빌딩을 돕고, 조직화를 위해 무엇이 필요하고 어떻게 준비해야 하는지 등을 교육하고, 인큐베이팅하고, 필요한 경우에는 투자도 하면서 생태계를 만드는 역할을 하고 있습니다.

함돈균   그런 형태의 회사는 지금 국내에 없나요?

문영훈   아마 명시적으로 이런 시도를 하는 인큐베이팅 회사는 저희가 처음일 거예요. 논스 커뮤니티를 프로토타입의 다오, 그러니까 원시적 형태의 인큐베이팅 다오로 볼 수 있을 듯하고요. 그런데 그건 그때 당시에 저희가 직관적으로 했던 시도들이죠. 현재 세계적으로 수많은 다오가 빠르게 생겨나고 있습니다. 특히 미국은 정말 많이 생겨나고 있고요. 그런데 다들 초기 셋업 단계라서 그런 생태계를 인큐베이팅하는 저희 같은 시도도 필요한 거죠.

함돈균   블록체인이라는 단어 자체는 이제 많이 익숙해졌어요. 물론 정교하게 기술적 이해를 하고 있는지는 별개지만요. 이 블록체인 기술이 애초에 출발점에서 이상적 철학이나 정치적 급진성을 가졌음에도 불구하고 현실에서는 사람들에게 사실상 '코인경제' 정도로 이해되는 경향이 있습니다. 비트코인의 경우 이것이 큰 이슈를 발생시키고 있는 것은, 그 정치적 이상주의 때문이 아니라 투기적 성격이 두드러지는 금융거래 시장 측면에서입니다. 그래서 이 금융거래의 장에 진입하지 못하거나 거리를 두고 있는 이들에게는 아직도 부정적 인식이 상당합니다.

유시민 선생님 같은 경우는 예리한 식견을 지닌 논평자고 경제학을 전공한 분이면서도 비트코인을 인류 역사상 최대의 사기극이라는 견해를 최근 인터뷰에서도 고수하시더라고요.

기술의 본래 이상과 실제 사이의 이런 큰 견해 차이와 그 견해 차이 자체가 현실에 실시간으로 영향을 미치는 사례가 이만한 게 없었던 것 같아요. 이 영역에 대한 이해가 누구보다 깊은 사람으로서 이런 현상을 어떻게 보시는지요?

문영훈 기술의 핵심 가치와 정신이나 이상, 그리고 사람들의 행동이나 현상 사이에 큰 괴리가 왜 생기는가 하는 질문은 너무 어렵습니다. 저도 답을 가지고 있지는 않아요. 이 기술 자체가 화폐 생산이라는, 사람들의 실제 삶에 기반한 직접 도구이다 보니 시장의 역동성과 욕망, 불확실성 같은 것이 우선 큰 것 같고요. 두 번째로는 이 변화의 크기가 제가 봤을 때는 사람들이 이제까지 인생에서 경험해 보지 못한 스케일, 어쩌면 지금 살아 있는 모든 인류가 자기 생에서 경험했던 스케일을 넘는 너무 큰 문명론적 스케일이기 때문이라고 생각합니다. 블록체인에 관해서는 어떤 혁신도 저는 이것보다는 크지 않다고 생각하거든요. 최소한 근대국가를 탄생시킨 프랑스혁명 이상은 되는 스케일로 보기 때문이죠.

스케일이 너무 크면 예상이 쉽지 않고 현재 시점에서는 전모를 이해하기도 어렵기 때문에 해석의 차이도 오해도 매우 클 수밖에 없죠. 게다가 경제구조와 직접 관련되다 보니 논란은 더 크고, 불확실성과 변동성도 크고요. 저는 이 뜨거운 반응 자체가 이 기술의 잠재성을 보여준다고 생각합니다. 하지만 그 잠재성조차도 아주 초기 단계라고 생각하고 있어요.

유시민 선생님은 식견이 뛰어난 분이지만, 그분 세대의 경제학 자체가 지금 큰 변화를 겪고 있는 상황이에요. 예컨대 1980년대부터 밀턴 프리드먼이라고 하는 사람에 의해 정립된 엄청난 카리스마가 있는 경제 이론이나 가정, 경제사상의 패러다임 자체가 크게 흔들리고 있는 것도 보셔야 할 것 같아요. 또 저는 상식, 정통, 주류 등으로 얘기되는 이론의 기준이 뭐냐, 하는 문제도 제기될 수 있다고 봐요. 블록체인 기술 자체가 이전 시스템의 기준에 대한 의심과 질문에서 나왔거든요. 예컨대 닉슨 대통령이 금본위제도를 폐기했을 때, 그러면 도대체 달러화의 가치를 유지하는 건 무슨 기준이냐, 왜 달러만 기축통화가 되느냐, 지구상에 존재하는 금은 왜 수천 조의 가치를 갖느냐, 이렇게 질문할 수 있죠. 그런데 그 경제학이나 실물경제의 기초를 이루는 전제들이 딱히 근거가 없거든요. 지금 경제학의 상식이라고 얘기되는 전제들도 '실재'가 아니라 집단 신념이나 임의의 약속 같은 걸로 이루어졌다고 할 수 있고요. 그런 기존 현상들에 대한 좀 더 깊은 논의나 질문을 배제한 채 이제 등장하는 새로운 현상이나 패러다임 교체에 대해 단편적으로 이게 사기냐 아니냐, 하는 식으로 얘기하는 데에는 동의하기 어렵습니다.

그러나 이런 얘기들은 앞으로 계속 더 많은 의견충돌이 있을 것 같고, 논쟁 자체는 전환적 논쟁이라고 생각하기 때문에 건강한 것이라 생각하고 환영하는 입장입니다. 다만 건전한 의견충돌이 되기 위한 조건, 생산적이 되기 위한 조건에 대해서는 고민할 필요가 있다고 생각합니다.

함돈균　일반인들의 이해를 돕기 위해 블록체인의 이념이랄까, 이상이랄까, 출현 배경이랄까, 간단히 소개해 주시겠습니까?

문영훈　비트코인의 탄생 역사를 소개하는 게 가장 간단할 것 같아요. 이 기술에서 핵심이 되는 학문은 암호학이에요. 비트코인을 '크립토커런시'cryptocurrency, 즉 '암호화폐'라고 하잖아요. 저도 수학을 전공했지만 암호학의 역사에서는 수학자들이 가장 핵심 역할을 했죠. 그런데 블록체인의 정치철학적 함의를 이해하기 위해서는 암호학 기술 자체의 이데올로기적 편향성을 이해하는 것이 중요합니다.

암호학이라는 게 아시다시피 군사기술이고, 세계대전의 성패를 바꿀 만큼 강력한 기술이었고, 국가가 치밀하게 보안을 유지하던 기술이었어요. 첩보영화는 거의 암호학 기술을 매개로 이루어지죠. 그리고 1970년대 초반에 '퍼블릭 키 크립토그래피'Public Key Cryptography라는 게 나오면서죠. 공개화된 암호키가 나옵니다. 이것이 민간 암호학의 역사에서 첫 번째 이정표라고 보시면 좋을 것 같아요. 암호학의 역사에서 국가의 독점 체제가 깨지는 어떤 상징적 사건 같은 거였죠.

그 과정에서 1980년대 초반에 '사이퍼펑크'cypher punk라는 말이 생겨나고 무브먼트적인 움직임이 나타나죠. 그런데 '펑크'라는 말이 붙잖아요. 펑크는 반항적인 의미를 내포하고요. 이런 사이퍼펑크 움직임의 핵심이 바로 암호학 기술을 이용해서 이전 국가주의 이데올로기나 정치적 편향성을 깨뜨리는 것이었죠. 국가에 대항해 개인의 프라이버시를 지키자는 움직임도 여기에서 나옵니다. 그리고 그건 국가제도라는 프레임 자체에 대한 저항성을 띠기 때문에 아나키스트적 움직임과 결을 같이 하게 됩니다. 이 사이퍼펑크 움직임에 동참하는 사람들이 의견을 공유하는 공간이 사이퍼펑크 메일링리스트였어요. 그 흐름 속에서 2009년에 비트코인이 처음 등장합니다. 그래서 비트코인 초기에는 아나키스트들이 여기에 유입됐어요. 국가에 대항해 개인들에게 힘을 실어주자는 것이었죠. 크립토 경제의 큰 사상적 뿌리는 여전히 여기에 있고요. 그렇기 때문에 당연히 국가의 규제나 통제를 벗어나는, 국가가 이것을 규제하기 어려운 방식으로 만들어진 거죠.

기술적으로 보면 '비대칭성 전력'이라는 키워드가 좋은 예예요. 100이라는 힘을 가진 사람을 막기 위해서는 원래 100 정도의 힘이 필요하겠죠. 그런데 크립토 경제에서는 전 세계 모든 컴퓨팅파워를 동원하더라도 제 비트코인 아이디, 이더리움 지갑을 해킹할 수 없어요. 모든 사람이 공격해도 한 명의 암호학적 방어를 깨지 못하는 거죠. 이것이 비대칭성 전력입니다.

국가 독점에서 민간으로

함돈균 시장경제의 실제 구조 차원에서는 이런 이념들이 어떤 예로 작동하는지요?

문영훈 예전에 국가가 독점하던 중요한 사회적 기술 또는 제도가 몇 가지 있습니다. 어떻게 보면 국가제도 자체라고 할 수 있는 거예요. 첫 번째는 화폐 생산을 중앙은행이라는 매개를 통해 국가가 독점해 왔죠. '우리가 대한민국에 있다'라는 경제적 의미는, 우리가 대한민국 원화를 사용하는 지역에 있다는 뜻이 되죠. 두 번째는 법의 집행입니다. a와 b 사이에서 계약서 내용대로 이행되지 않을 때, 법을 통한 국가 힘의 개입으로 강제되죠. 계약에 있어 책임의 실체는 법적 강제력입니다. 이것도 국가의 독점이죠. 그렇기 때문에 한국에 비즈니스를 한다는 의미는 원화를 사용해 돈을 주고받고, 한국 법에 따라 계약서의 내용을 이행한다는 뜻입니다.

그런데 블록체인 기술에 의해 화폐 생산과 법의 집행이라는 엄청난 사회적 기술이 국가 독점에서 민간으로 이양되는 현상이 출현한 거죠. 사실 근대국가의 개념이 바뀌는 혁명이라고 볼 수 있습니다.

예전에 대한민국에서 주식회사를 만든다는 의미는 대한민국 법에 따라 대한민국 화폐를 사용해 경제조직을 만든다는 거였죠. 그런데 '다오'라는 조직은 법의 집행과 화폐 생산과 유통을 전혀 다른 패러다임 속에서 구축하는 거예요. 다오는 분산화된 블록체인의 철학적 함의와 기술적 경향성으로 인해 기존의 주식회사에 비해 좀 더 분산화된 의사결정 체제를 갖게 됩니다. 예를 하나 들면 은행을 이용한다고 할 때, 시민들이 국민은행이 됐든 신한은행이 됐든 그 은행의 정책에 관해 이야기할 수 있는 통로는 없잖아요. 그런데 다오 형태로 은행을 만든다고 하면, 유저들의 수평적 투표를 통해 은행의 정책에 어떤 목소리를 낼 수 있는 구조적 특성이 생길 수도 있는 겁니다.

함돈균   주식회사 모델을 대체하려고 이상적 측면에서 만들어진 경제조직 중 협동조합이 있잖아요. 언뜻 보면 비슷해 보이기도 하는데, 차이가 뭘까요? 협동조합 모델이 이상과 달리 경제조직 운영의 실제 경험에서는 비효율성 같은 측면이 많이 지적되었거든요.

문영훈   저는 우선 블록체인 기술이 지닌 신뢰성을 들고 싶어요. 예컨대 어떤 협동조합 회사에서 정관상으로는 예산의 의결에 있어 조합원들에게 공동권리가 있다고 해도 실제로는 이 접근권이 잘 확보되거나 늘 투명하게 보이지는 않거든요. 그런데 다오는 블록체인상에 기록되기 때문에 훨씬 더 신뢰성을 확보할 수 있는 기술적 매개가 될 수 있어요.

두 번째는 신뢰성의 범위가 다른 것 같아요. 종래에는 한국에서 협동조합을 한다고 하면 과연 브라질이나 미국이나 다양한 국가, 글로벌 시야에서 이 협동조합들을 얼마나 신뢰할 수 있느냐 하는 문제가 있었습니다. 단지 사람을 믿지 못한다는 게 아니라 법 시스템도 다르고 기록 시스템도 다르기 때문이죠. 경제조직의 경우 기록 시스템은 회계 시스템이기 때문에 핵심이죠. 시스템에 대한 신뢰 부족. 이에 반해 블록체인상의 회계 기록은 실시간으로 글로벌적 보편성을 지녔다는 점에서 신뢰의 범위가 다른 회계 시스템인 거죠. 왜냐하면 그것이 공동의 회계장부에 글로벌하게 일관된 방식으로 기록되기 때문입니다.

또 협동조합이나 주식회사에서 지분을 나타내는 경제적 오너십을 블록체인에서는 '토큰'이라고 하는데, 이 토큰의 유동성이 사실은 종래 조직 형태와는 어마어마하게 차이가 납니다. 글로벌 수준에서 이 경제적 유동성을 로컬 협동조합에 투자한다거나 아니면 토큰을 구매한다는 것 자체가 예전에는 많이 힘들었어요. 경제 거래는 신뢰를 바탕으로 하기 때문에 잘 모르는 사람들과 지역 간의 거래 행위 자체를 신뢰하기가 어려웠죠. 그런데 이게 어느 정도 자동화된 회계 시스템과 기록 시스템이 있음으로써 로컬과 글로벌 거리가 소멸한다고 볼 수도 있을 것 같아요. 실제로 다오를 보면 정말로 지금이라도 베를린에서 생겨난 다오에 제가 투자하는 게 가능하고요, 이 투자가 제대로 집행이 됐나 하는 감사도 가능합니다.

내가 모르는 사람이라고 하더라도 이 블록체인의 회계장부를 보면 어느 정도 높은 수준의 신뢰성을 확보할 수 있어요. 그쪽에 투자가 들어갈 수도 있고, 또 토큰의 유동성이 확보될 수 있기 때문에 예전과 비교하면 확장성이 상상할 수 없을 만큼 빠르고 큽니다. 확장성이나 폭발력은 구텐베르크 활자판에 비유될 수 있을 정도라고 봅니다.

함돈균 말씀을 나누다 보니 유시민 선생님 같은 소위 진보적 정치관을 지닌 분들이 왜 크립토 경제에 관해 오히려 보수적인 입장을 갖게 되는지에 대한 암시를 받게도 됩니다. 이런 분들은 국가의 역할을 최소화하고 시장의 자율성을 거의 무한대로 주장하며 각자도생하게 하는 현실 속 신자유주의 입장을 강력하게 비판하는데, 그래서 국가의 균형 잡힌 역할을 강조하죠. 그런데 크립토 경제의 이상이라는 것이 사이퍼펑크적 요소들, 즉 국가 저항적 요소들을 지니고 있고, 조금 다른 방식으로 파생된 현상이기는 하지만 현실에서는 투기적 요소들로 문제가 되기까지 하니 이에 대한 반발감 같은 것이 나타나는 것 같아요. 케임브리지 대학 경제학과의 장하준 교수 같은 분들이 크립토 경제에 관해 어떤 의견을 갖고 계신지 제가 들은 바는 없지만, 국가의 역할을 강조하는 장하준 교수 같은 케인지언^{Keynesian}들 역시 이 새로운 문명론적 현상을 문제적으로 바라보지 않을까 하는 생각이 지금 들었습니다.

문영훈 저도 이해가 됩니다. 그래서 그 오해를 풀어드리고 싶고요. 블록체인 기술이라는 건 이데올로기적 경향성이 있는데, 이 기술에 대해 어떤 정의를 내리고 어떻게 사용하기로 하는지에 따라 굉장히 다른 방향을 만들 수 있다고 생각해요. 현대의 기술이 다 그렇죠.

다오적 방식으로 도전하고 상상하다

함돈균 지금 하고 있는 비즈니스와 관련해 인큐베이팅하고 있는 다오 중에서 상징적으로 소개할 수 있는 것이 있을까요?

문영훈 세 가지 다오를 소개드리고 싶어요. 첫째는 블록체인 개발자 교육 다오입니다. 지금 블록체인 기술은 가장 난이도가 높은 기술이라서 종래 학제 단위에서 이 변화를 따라잡고 교육하기는 어렵습니다. 솔직히 말씀드리면 서울대학에서도 이런 기술을 잘 가르치기가 쉽지 않습니다. 웹3 시대의 기술이 그렇습니다. 그래서 프로그래밍을 서로 가르쳐주는 개발자 교육 다오가 필요하다고 보고 그런 다오를 인큐베이팅하고 있어요.

두 번째, 우리 회사에서는 기술철학에 대한 '이소스피어 아카데미'를 다오 형식으로 준비하고 있습니다. 종래 대학제도의 한계에 대한 문제와도 일맥상통하는 것 같은데요. 왜 우리는 20대 중반 이후로는 철학을 심도 있게 공부하지 않는가, 블록체인 기술 관련 엔지니어나 디자이너도 새로운 기술에 대한 기술철학이 필요하지 않은가, 하는 문제의식에서 비롯되었죠. 그래서 다양한 그룹과 분야별 융합이 일어나는 새로운 대체 교육 다오를 인큐베이팅하고 있어요. 종래에는 가능하지 않았던 새로운 거버넌스 모델과 화폐 시스템을 디자인하기 위해 다양한 커리큘럼이 존재하고, 다양한 분야의 전문가들이 참여해 정치·경제·사회 제도를 디자인한다는 측면에서 다양한 매체 이론과 철학·경제학·정치학 등의 커리큘럼을 공부하는 다오를 준비하고 있습니다.

또 하나는 함돈균 선생님이 커뮤니티 리더로 디자인하고 계신 시詩를 매개로 '인문적 영성'을 전파하는 '클럽 다스딩' 같은 다오가 있습니다. 이러한 다오에서 저희가 중요하게 보는 부분은 현대 사회의 정보 과잉과 생태적·지정학적 위기, AI나 알고리즘 사고로 대표되는 인간의 실존적 자율성 박탈이나 여러 가지 위기 상황 속에서 출현한 문제의식이에요. 우리가 이 위기를 타개하기 위해서는 종래의 관성적 제도와 사고를 타파해야 하는데, 시가 지닌 판단중지적 에너지나 새로운 질문 방식들을 새로운 관점과 방법론으로 디자인한다는 데에서 이 다오에 신선한 충격을 받고 있습니다. 또 이런 관점과 방법론을 문화적 밈meme으로 확산시킨다는 점에서 다오적 형태가 의미 있는 도전이 될 거라고 보고 있어요. 제가 함돈균 선생님을 도와 함께 이 다오를 인큐베이팅하는 과정에서 시의 정신적 힘, 시의 영성적 힘이 어떤 것인가에 대해 완전히 새로운 경험을 갖게 되었습니다. 개인의 삶이나 공동체를 디자인하는 분들, 창조적 영감을 필요로 하는 분들이 이런 시적 정신을 일상적 감각과 경험으로 훈련하고 습득하면 좋겠습니다. 종래에는 시가 문학 영역의 산업이나 독자에 한정되어 있었지만, 이런 보편적 문제의식과 문명론적 관점의 접근을 다오적 방식으로 디자인한다는 것은 아주 즐거운 도전이고 해볼 만한 도전이라고 생각합니다.

이런 일들이 기존 협동조합이나 주식회사나 NGO 형태에서 한계가 있었다면, 커뮤니티 구성원 간의 더 많은 참여와 수평적인 의사결정 구조, 공정한 재무적 보상과 분배 등의 방법론들이 블록체인이라는 기술로 결합된 다오를 통해서는 좀 더 진화할 수 있지 않을까 기대하고 있습니다.

함돈균 마지막으로 10년 후, 20년 후 자신이 어떤 모습으로 존재하기를 바라시는지요?

문영훈 너무 복잡한 사회에 정말 다양하고 강력한 사회·경제적 체계가 존재하더라고요. 그런데 우리가 알고 있는 예전의 시골 같은 이미지, 그러니까 이웃끼리 서로 인사하고 챙겨주고 그런 것들이 현실 세계의 주거 공간에서는 점점 더 일어나지 않습니다. 그 이유가 작은 단위의 문제보다는 정치·경제·사회 시스템과 깊은 관련이 있다는 걸 자각하게 되는 것 같아요. 작은 바람들, 인간적이라고 여기는 작은 감각들이 큰 시스템과 연결되어 있는 거죠. 물론 우리를 억압하는 게 크다 보니 시스템은 필요악이긴 하죠. 저는 어떻게 하면 사람들이 다시 어린아이의 모습이나 감각을 찾을 수 있을까, 그것이 가능한 시스템은 뭘까, 그걸 어떻게 디자인할까, 이런 생각을 합니다. 그리고 어느 순간 그것이 제 인생의 목표가 된 것 같습니다.

함돈균 작고하신 문학평론가이자 번역가였던 황현산 선생님이 생전에 남긴 마지막 출간물이 《사소한 부탁》이에요. 그분이 우리에게 건네는 '사소한 부탁'은 섬세한 감각과 태도에 깃든 유토피아적 이상이었지요. 꽃잎 하나에 우주의 형상이 들어 있듯이 어떤 섬세한 시적 감수성이 개인의 감각에 깃들고, 그것이 사회를 통해 역사를 통해 문명의 제도를 통해 드러나는 데

에는 유토피아적 전망과 의지가 필요하다고 보신 거겠죠. 문
영훈 님의 마지막 대답에서 황현산 선생님이 생각났습니다.

박태순

한국공론포럼 대표, 사회갈등연구소 소장

공론장

: 옛 권력의 빈공간에 새로운 생명의 힘 불어넣기

다중의 출현

김보람   오늘은 일찍이 20년 전부터 공론장의 역할과 중요성을 생각하고 공론장을 만들기 위해 오랫동안 활동해 오신 박태순 대표님과의 대화입니다. 한국공론포럼 대표이자 사회갈등연구소 소장님이시기도 해서 저희가 가장 듣고 싶은 이슈의 최일선에 있는 분이 아닐까 생각합니다. 오늘 정말 큰 기대를 하고 있습니다. 원래 전공이 생태학, 동물과 환경 이런 쪽이고 생태학 박사이신 걸로 아는데, 어떻게 갈등과 공론장에 관한 활동을 해오셨는지 먼저 소개해 주시면 좋겠습니다.

박태순   대학에서 자연과학과 생물학을 공부하면서 이것저것 잡식을 많이 했죠. 그렇게 대학을 간당간당하게 졸업한 다음에 사회운동을 7-8년 정도 했어요. 우리 때는 대학 졸업하고 사회운동을 많이 했어요. 위장취업 같은 걸 한 적도 있고요. 그러다가 1992년에 공부를 좀 해보고 싶다는 생각이 들었고, 우연한 계기로 환경대학원에 가서 1994년에 졸업을 했어요. 그런데 요새 탄소배출량 얘기 많이 하잖아요. 1994년 제 논문이 한국의 에너지 사용으로 인한 탄소배출량을 산출한 내용이었어요. 우리나라에서는 거의 첫 번째나 두 번째로 탄소배출량을 다룬 논문일 거예요. 산업별로 에너지 사용에 따른 탄소배출량이 얼마나 되는지 계산해 본 거예요. 그 덕에 대학원 논문상을 받았죠.

그런데 공부를 해보니까 환경 정책이라고 하는 게 너무 피상적 숫자놀음 같아서 별로 재미가 없더라고요. 본격적으로 환경을 알기 위해서는 생태학을 좀 알아야 하니까 생태학 공부를 하게 됐죠. 그런데 생태학 중에서도 제가 관심을 가졌던 분야는 '사회성'에 관한 부분이에요. 사회성은 협력과 경쟁을 핵심으로 다뤄요. 그런데 저는 오랫동안 사회운동을 해왔기 때문에 그 개념이 어렵지 않게 다가왔고 제가 조금 재미있는 연구를 했는지 케임브리지에 가게 됐죠. 그래서 거기에서 본격적으로 경쟁과 협력에 관한 공부를 하게 됐어요.

함돈균   경쟁과 협력은 사회학적 영역인가요?

박태순   자연과학과 사회학이 뒤범벅된 거죠.

함돈균   학제가 그렇게 돼 있나요?

박태순   네. 그들은 인문·사회과학하고 자연과학을 같이 하니까요. 2003년 당시 노무현 정권이 등장하면서 우리 사회가 엄청난 갈등에 휘말리게 돼요. 사람들의 기대 수준이 있으니까. 그래

95

서 천성산, 새만금, 부안, 사패산 사태까지 대형 갈등이 쏟아져나왔죠. 당시에 노무현 대통령은 예전처럼 권위적인 방식이 아니라 합리적인 방식으로 갈등을 관리할 필요가 있다, 관리는 컨트롤이 아니라 매지니먼트이니 매니지먼트를 할 필요가 있겠다고 생각하고 국가지속가능발전위원회의 환경 분야를 갈등 관리로 전환하려는 과정에 있었어요. 그래서 사람을 찾다가 그 일에 적합하다고 제가 걸린 거죠. 조금 고민을 하다가 귀국해서 그때부터 갈등 관련한 일을 했어요. 그러다 2006년 들어 이것을 사회적으로 확산시켜야겠다 싶어서 사회갈등연구소를 만든 거예요. 그래서 주로 현안들을 계속 다뤄왔죠.

여러분이 아는 현안들에는 제가 다 포함되어 있어요. 밀양 송전탑 문제부터 강정 해군기지 문제까지. 제가 제주 강정마을에 서른 번 정도 갔어요. 갈등 관련해서 사람들에게 교육도 하고 갈등 현안 조정도 하고 여러 가지 많이 해왔는데, 본격적으로 공론 관련해서 고민한 건 2008년에 광우병 소고기 파동이 났을 때부터 시작됐죠. '시민사회가 포괄하지 못하는 저 사람들은 뭘까?' 이런 고민을 그때 많이 했어요.

소위 '다중의 출현'이라는 표현도 하는데 '저 사람들에게 필요한 운동은 뭘까?' 하는 고민을 했죠. 고민의 답을 얻지는 못했지만 어쨌든 그걸로 시작됐고 그다음에 무언가를 만들어야겠다고 결심한 건 2016년, 2017년 촛불혁명이라고 이야기하는 그때였어요. 본격적으로 활동을 해야겠다고 생각해서 한국공론포럼이라는 조직을 만들었어요. 다중의 의사를 결집하고 국회의원들에게 바로 전달하자는 취지로 한국공론포럼을 국회 등록단체로 만들었고 중요한 문제에 관해서는 국회에서 실제로 공론장을 열어요. 자발적으로 모인 사람들이 종일 논의해서 나온 내용을 정리하죠. 정리해서 국회의원들에게 전달하는 거예요. 받아들이든 받아들이지 않든.

차이를 에너지로 승화시키기

김보람   세대 갈등이나 젠더 갈등이나 지역 갈등 이런 것들은 계속 논의되어 왔죠. 또 '청년 칸막이 걷어차기'를 말씀하셨는데, 그건 청년 간의 갈등에 관한 얘기인가요?

박태순   그렇죠. 세대 갈등을 해결할 수 있는 현실적인 방법은 없어요. 왜냐하면 주도권을 기성세대가 쥐고 있기 때문이죠. 가장 쉬운 방법은 청년들에게 기회를 주는 거고 그러려면 기성세대가 물러나는 것이 유일한 길이다, 이렇게 얘기해요. 그런데 안 물러나잖아요. 그러면 반격을 제대로 해야 되잖아요. 어떤 사람은 '짱돌을 들어라' 이렇게 얘기하는데, 그렇게 하면 안 되고 청년들이 공격을 해야 한다는 거죠. 기성세대가 만들어 놓은 벽을 무너뜨려야 한다는 말이에요. 무너뜨리려면 내부에 결집된 힘이 있어야 하고요.

그런데 그 힘을 전혀 결집시키지 못해요. 왜 결집시키지 못하는가. 소위 '조국 사태'를 보면서 청년들과 이야기도 나누고 고민도 해보았는데, 청년들이 예전과는 다르게 집단적인 교육을 받은 경험이 없는 거예요. 공동체를 경험한 경우가 별로 없다는 말이죠. 생활공동체를 경험한 경우가 어린이집이나 유치원 때밖에 없어요. 그리고 그건 인위적으로 만들어진 공동체라서 협력보다 경쟁이 훨씬 더 강한 공간이죠. 그리고 기성 586세대는 굉장히 단단하죠. 그들은 청년들을 세력이 아니라 전부 개별적으로 포섭해요. 개별 라인을 통해 시민단체도 들어가고 정치권에도 들어가고, 그러다 보니까 청년세대 내부에서 스스로 리더십 형성이 잘 안 되는 거죠.

훨씬 더 심각한 문제는 청년 내부에 위로 올라갈 수 있는 사다리만 부서진 게 아니라 내부에 어렸을 때부터 굉장히 강력한 칸막이가 존재한다는 거예요. 영국에는 유치원 때부터 귀족이 가는 학교가 있고 평민이 가는 학교가 있어요. 학비가 4만 불, 5만 불 하는데 어떻게 갑니까. 평민은 못 가죠. 말 그대로 출생주의가 통하는 사회가 되어버렸죠. 청년이 힘을 가지려면, 만나서 차이에 대해 논의하고 청년의 과제가 무엇인지 스스로 깨달아야 하거든요. 그러면서 각자의 처지에서 해야 할 역할이 무엇인지 자각하는 과정이 있어야 되잖아요. 그리고 서로 우정, 우애友愛를 느껴야 되잖아요. 2016년 구의역에서 스크린도어 사고로 죽은 이를 보면서 '우리가 같이 살아가야 할 사람인데, 같은 세대 사람인데' 하는 걸 느껴야 되잖아요.

제가 조국 사태 때 서울대학교 총학생회장을 만나서 얘기하다 깜짝 놀랐어요. 당시 서울대학교 노동조합에서 일하던 한 여성이 사망한 사건이 있었어요. 그런데 학생들 대부분이 잘 몰랐고 어떤 학생들은 우리가 왜 그 문제에 신경을 써야 하느냐고 얘기하더라고요. 같은 공간 안에 사는 사람에 대한 연대감은 둘째치고 별 관심조차 없는 거죠. 우애가 없는 건 따로 살아서 그래요. 다 따로 살잖아요. 가는 길도 다르고 만나는 사람도 다르고. 결국 청년 내부의 칸막이를 걷어차려는 노력을 해야 그 내부에서 과제 설정도 되고, 에너지도 만들어지고, 리더십도 형성되는 거거든요. 에너지와 리더십이 형성돼야 거기서 부모 세대를 뛰어넘을 수 있는 힘이 생기는 것이고요.

차이는 그 차이를 인식할 때 비로소 차이가 돼요. 차이를 인식하고 그 차이를 어떻게 에너지화시킬 것인지에 대한 자기 모색이 없으면 다 각개격파당하고 기성세대의 터미널 역할만 하다가 끝나는 거죠. 그건 비극이죠.

함돈균   새로운 말씀이네요. 사실 살펴보면 세대 안에서도 완전히 고립되고 나뉘어 있는 상황에서 에너지를 모을 힘이 없죠. 다음 세대가 좀 치고 올라왔으면 좋겠는데 그것조차 잘 되지 않는 그 문제에 대한 인식이 굉장히 중요하다는 생각이 듭니다.

박태순   저는 에너지가 거기서 생긴다고 봅니다. 굉장히 복잡하고 많은 이야기인데 '세대 갈등'이란 이름으로 위장된 부분이 아주 많아요. 예를 들어 586세대 기득권이 그들의 자녀에게 새로운 기득권을 형성하는 거거든요. 기득권과 기득권으로 연결되는 거예요. 그런데 이걸 뭉뚱그려서 세대 갈등이라고 하면 내부의 모순은 드러나지 않게 되는 거죠. 그렇다고 문제만 지적한다고 해결되는 게 아니잖아요. 젊은이들은 그들 내부에서 균열과 차이가 어떻게 형성되는지 스스로 포착할 힘이 생겨야 돼요. 그렇게 해야만 문제를 어떻게 인식하고 상황을 재배치할 것인지에 대한 논의가 형성될 수 있고, 그 과정에서 새로운 리더십이 형성될 수 있어요. 청년들에게 만남의 공간이 없어요. 만나야 이런 사람도 있다는 것을 느낄 텐데.

2020년에 청년 칸막이 걷어차기 공론장을 열어서 노동하는 청년과 지방대학의 청년, 그리고 소위 명문대학 청년들과 같이 이야기를 나누다보니 다들 그런 경험이 처음이라는 거예요. 강남에 사는 이들은 노동하는 청년을 본 적이 없는 거예요. 그러니까 노동하는 청년들이 왜 죽는지 모르는 거죠. 노동하는 청년들은 자기 발언을 한 번도 한 적이 없어요. 그러니까 조국 사태가 논란이 되어도 '저건 명문대 학생들 얘기지 나랑 무슨 상관이야' 하면서 집회에 갈 생각을 못해요. 만남의 공간을 만들어야 돼요. 기성세대가 마지막으로 할 일이 하나 있다면 그건 바로 다양한 청년들이 만날 수 있는 공간을 만들어주는 거예요. 그래서 청년 공론장을 마련했던 거죠.

김보람　차이를 에너지로 승화시켜야 한다는 말씀에 정말 공감합니다. 하지만 구의역 청년 노동자의 죽음에 대해 그런 환경에 놓이지 않은 기득권 가정에서 자란 청년들은 그저 언론에 나오는 하나의 기삿거리일 뿐 시대의 아픔으로는 인식하지 못해요. 그것이 내 문제일 수 있다는 걸 전혀 실감하지 못하는 거죠. 그랬을 때 단지 만나서 차이를 인식하는 것을 넘어서는 무언가가 있어야 할 것 같은데요.

박태순 목록이 있어야 돼요. 그런 것 없이 만나서 너는 뭐하냐고 묻는 건 별 의미가 없죠. 공론장은 그냥 만나는 공간이라기보다 공적인 의도를 가지고 만나는 거예요. 그래서 논의할 의제가 있어야 하는 거죠. 기성세대나 우리처럼 공론에 관심 있는 사람들이 할 수 있는 건 청년들의 상황을 잘 살펴서 그들에게 정말 필요한 의제를 형성하는 일을 도와주는 게 아닐까 합니다. 개별적으로 자라온 애들이니까요.

김보람 어렸을 때부터 장애인이든 외국인이든 소득 격차와 관계 없이 더불어 어울려서 사는 생활공동체가 필요할 것 같은데 지금 우리는 어릴 때부터 환경이 아예 차단되어 있잖아요. 주거도 다 분리되어 있고, 학교도 분리되어 있고. 어릴 때부터 그러한 경험 자체를 완전히 차단해 버려 아예 다른 환경을 이해할 수 있는 기반 자체가 없는 상황에서, 공론장에서 주어진 의제에 대해 논의함으로써 서로 간의 접점이 생길 수 있을지 궁금합니다. 정말로 그 차이가 에너지로 승화될 가능성이 있을까요?

박태순 제가 굉장히 고민을 많이 하는 문제인데, 쉽지는 않을 것 같아요. 실제로 제가 현장에서 경험한 것에 빗대어 몇 가지 얘기하면, 공동체성이 좀 남아 있는 곳은 문제해결 능력이 있더라고요. 전통사회는 서로 밀접하게 연결되어 있기 때문에 삶의 공간뿐만 아니라 관계 전체가 붕괴되는 것에 대한 위기감이 문제를 심각하게 만들지 않게끔 복원하는 역량을 가지고 있어요. 그런데 그런 공간이 점점 없어지잖아요. 말씀하신 것처럼 다 개별화되었죠. 그러면 문제해결 방법이 바뀌어야 해요. 지금 개별화는 되었는데 만남의 공간이 별로 없어요. 그런데 공동체에는 공동이 해결해야 할 과제가 반드시 생기거든요. 예를 들면 세금 문제부터 부동산 문제 등 이런 건 내가 피한다고 피할 수 있는 게 아니잖아요. 그런 문제에 관해서는 어쨌든 모여서 논의를 해서 해결할 수밖에 없죠.

그런데 우리 사회는 회피하지 않고 무시하지 않고 차이를 바탕으로 논쟁을 통해 문제를 해결해 본 경험이 없는 거예요. 같이 해결해야 할 부분을 발견해 내는 일은 굉장히 치열한 논쟁이 필요하거든요. 생산적 논쟁이 필요한데, 우리는 모여서 논쟁하는 것 자체를 금기시해요. 굉장히 부정적으로 생각하죠. 그런가 하면 치열한 논쟁을 질서 있게 하는 훈련을 받은 적도 없어요. 게다가 논쟁을 조정할 줄 아는 능력 있는 조정자도 없죠. 갈등과 극심한 부딪침이 있는 공간을 읽으면서 생산적인 과정으로 이끌 줄 아는 역량 있는 사람이 없어요. 차이가 에너지를 형성하지 못하고 분열로 존재하게 되는 거죠. 사회적인 에너지를 형성하지 못하는 것이 지금의 단계인 것 같습니다.

함돈균 앞서 갈등이라는 것은 현대 사회에서 컨트롤이 아니라 매니지먼트의 영역이라고 말씀하셨잖아요. 그런데 특히 한국 사회에서 정부가 하는 것을 보면 갈등을 조정하거나 '관리'의 관점에서 생각하는 게 아니라 컨트롤하려는 것 같거든요. 복지국가를 만드는 것과 가부장주의는 다르다는 생각이 드는데, 굉장한 도덕적 우월주의를 바탕으로 갈등을 선악 논리로 보고 컨트롤하려는 데에서 계속 문제가 발생하는 것 같아요. 그래서 저는 소위 '촛불정부'가 오히려 갈등 양산의 원천 역할을 한다는 판단을 하기도 합니다. 갈등 조정 전문가로서 현 정부(문재인 정부)의 갈등관리 능력에 점수를 준다면 몇 점 주시겠어요?

박태순 전에는 점수를 좀 줬었는데, 지금은 20점 이상 주기 어려울 것 같습니다.

함돈균 100점 만점에 20점. 낙제점이네요.

박태순 낙제점이죠. 이 원인이 무엇인지 잘 생각해 봐야 해요. 잘 안 드러나는 부분이 있기 때문에 그래요. 다들 고민을 할 텐데요. 왜 이렇게 정치권 내에서 정쟁이 심화되고 극단화되는지, 그 원인이 무엇인지 잘 생각해 보세요. 그걸 정치 내적인 문제로만 생각하면 잘 안 보여요. 우리 사회가 굉장히 다양화되

103

고 개별화됐어요. 오래됐죠. 적어도 IMF 때부터 시작됐다고 보니까요. 그런가 하면 사람들의 역량이 커졌어요. 소득 수준과 학력도 높아지고 촛불혁명으로 인해 권리 의식도 커지고 시야도 넓어졌단 말이에요. 그래서 사람들의 기대 수준이 굉장히 높아요. 정치에 대한 기대 수준이 높아졌고, 그 기대의 내용이 굉장히 복잡해요. 예전 같지 않죠.

그런데 현재의 대의 구조가 근원적으로 이걸 감당하지 못합니다. 일차방정식으로 풀 수 있을 때는 정치권이 어느 정도 해낼 수 있었어요. 대충 뭉뚱그려서 해도 문제를 해결할 수 있었어요. 이차방정식까지는 간당간당 버텨왔는데 지금은 고차원의 방정식을 요구하는 거죠. 그런데 정치권은 이 문제를 해결할 수 있는 능력이 없어요. 대의제가 가진 근원적 한계이기도 하고요. 사람들의 요구는 높아지고 대의기관의 탁월성은 점점 약해지는 모순이 계속 심화되고 있는 거죠. 그렇게 되면서 정치권에 대한 국민의 실망은 커지고, 선거 때마다 국회의원 절반을 교체하지만 별다른 효능감을 느끼지 못합니다. 국민의 지지는 약한 상태에서 복잡하고 어려운 일을 해야 하는 정치인들 입장에선 죽을 맛이죠. 국민의 지지가 약해지니 맹목적 지지자에 대한 기대가 커지고, 결국 정치가 아닌 정쟁이 자리하게 되는 거죠. 그 압력은 근원적으로 변화된 사회에 맞는 문제해결 능력을 갖지 못함으로써 정치권 내부가 공동으로 지고 있는 구조적 문제라고 봐요.

틀을 바꾸지 않으면 문제해결 방법은 없다고 생각합니다. 그렇다고 해서 대의제 자체를 두들겨 부술 수도 없는 거고. 그러면 결국 삶의 현장을 중심으로 다중이 소통권력을 형성해 대의제를 계속 공격하면서 문제를 개선하는 방법밖에 없다는 거고. 그래서 다중이 참여하는 공론장을 통해 국가권력을 흔드는 방식밖에는 해법이 없는 것 아닐까 생각합니다.

함돈균 다중이 국가권력을 포위한다는 관점은 다중의 낭만화에 기초한 생각은 아닐까요? 지금은 옛날처럼 다중이 목소리를 내지 못하는 시대가 아니라 모든 사안에 대해 모든 사람이 발언을 하고, 제도화된 미디어를 가지고 있지 않더라도 모든 이가 발언할 수 있는 군중폭력의 시대라고 생각하거든요. SNS의 말들이 사람 하나 죽이는 건 아무것도 아닌 군중폭력 시대. 이러한 미디어 환경에서 다중이 정부와 정치제도를 포위한다고 할 때 그 다중이란 무엇일까요? 군중/다중은 굉장히 복잡한 이해관계와 욕망의 결집체이자 분열체 아닌가요?

박태순 다중이 우르르 떠들면 압박하는 힘은 생기겠죠. 그러나 그냥 중구난방으로 떠드는 것이 아니라 의회가 봐도 놀랄 정도로 다중이 질서 있고 똑똑한 모습을 보임으로써 대의제가 갖지 못하는 신뢰를 형성해야 하는 거죠. 다중이 우후죽순으로 모여 떠드는 건 다중이라기보다 군중이고요. 말 그대로 국가에 의한 공론화가 아니라 스스로 의제를 가지고 형성하는 공론장을 통해 내용과 절차를 정하고 과정에 있어서 정당성을 확보하는 힘에 의해 신뢰가 형성되는 것이고, 말 그대로 소통권력에 권위가 형성되는 거거든요.

저는 사람들이 그것을 할 정도로 충분히 준비되어 있다는 걸 현장에서 확실히 느낀 거죠. 서부경남 공공의료 공론장을 진행하면서 그 어려운 의료와 관련된 문제를 사람들이 몇 개월 만에 지식인이나 전문가가 도저히 따라올 수 없을 정도로 굉장히 세련된 내용으로 합의해 낸 그 능력. 그 능력을 긍정적으로 생각하고 그렇게 만들어가야 한다고 생각합니다. 그래서 반드시 의제가 명확해야 하고 프로세스가 있어야 돼요. 그 과정은 공정성을 확보해야 하고요.

우리가 의회를 신뢰하지 않는 것은 그 공정성과 투명성이 담보되지 않아서죠. 다중이 모여서 공론장을 형성할 때는 의회가 형성하지 못한 것을 형성해 내는 모습을 보여야 돼요. 확실한 건 질서 있게 모이면 훨씬 더 탁월한 결론을 형성해 낼 수 있다는 거죠. 지식인이나 전문가 혹은 대표가 갖지 못하는 훨씬 더 좋은 내용을 형성할 역량을 이미 갖췄어요. 대단히 현실적인 결론들을 내리잖아요. 훨씬 더 멋진 결론을 내리더라고요. 제가 일관되게 확인했던 단 한 가지는 사람들이 제대로 모이면 탁월한 결정을 한다는 거예요. 어느 공론장이든지 다소 미숙하게 공론장을 설계했더라도 다중이 모여서 체계적인 논의를 하면 전문가나 지식인보다 훨씬 더 멋진 결론을 도출한다는 것은 확실해요.

김보람   말씀하신 것에서 반쪽짜리 민주주의가 아니라 온전한 민주주의의 가능성을 생각하게 됩니다. 촛불혁명이 이루어졌지만 진정한 삶의 민주주의가 이루어지지 않은 상황에서 광장

민주주의를 넘어 나아가 생활 속 민주주의로 가는 과정에서 다중의 힘이 중요할 것 같습니다.

박태순 생활민주주의를 이야기하는 사람은 예전에도 많았잖아요. 풀뿌리민주주의 등등. 그렇게 해서 세상 안 바뀌어요. 아무리 작은 공동체라고 하더라도 그 알맹이엔 권력이 들어가 있어야 되고, 국가권력과 어떻게 연결되는지를 항상 명심하고 국가권력에 어떻게 영향을 미칠 것인지 생각하지 않으면 다 꽝이에요. 아무리 작은 공동체, 공론장이라고 해도 그 공론장 내에서 소위 말하는 정치적인 것에 관한 의미를 항상 공유해야 하고 그것이 권력에 어떻게 영향을 미칠 것인지 고민해야 돼요. 그렇지 않으면 의미가 없어요.

김보람 앞서 말씀하신 소통권력이라는 것도 네트워크 권력과 맥을 같이 한다는 말씀인 건가요? 그랬을 때 정치권력에 대항하는 안티테제로서의 권력을 말씀하시는 건가요?

박태순 어떤 때는 안티테제로서 작용하지만 우리가 광장에 모여 떠드는 것은 '물러나라!' 이런 거잖아요. '하지 마라', 이런 건데 공론장이 가진 강력한 힘이자 장점은 내용을 형성할 수 있다는 거예요. 그건 건설 과정이거든요. 건설 과정은 광장에 모인 군중에 의해서는 쉽게 생기지 않아요. 결국은 대의제에 의해 문제를 지적하면 대의제를 넘어설 수 있는 내용을 어떻게 형성할 것인가에 관한 대안이 있어야 한단 말이지요. 내용을 형성하는 과정을 밟아나가야 한다고 봅니다.

탈정치의 정치

김보람   제가 생활민주주의를 말씀드린 것은 단순히 개별 마을이나 공동체의 활동을 말씀드린 건 아니었고요. 정치와 권력을 간과해서는 안 된다는 것에는 당연히 공감합니다. 어쨌든 생활과 삶의 문제와 현실의 문제를 정치적으로 해결해 나가고자 하는 것에서 탈정치의 정치를 연관지어 생각했거든요. 탈정치의 정치에 대해 구체적으로 말씀해 주시면 좋겠습니다.

박태순   자족적인 공동체 이야기를 하는데, 사람들이 착각하고 있는 거예요. 한국 사회는 거의 모든 공동체가 국가에 의해 장악되어 있다고 봐야 해요. 개개인의 생활조차도요. 임금, 집값, 양육 등 이 모든 것에 국가가 들어와 있지 않은 영역이 있나요? 그런데 거기에서 외떨어진 공간이 존재한다고 생각하는 건 굉장히 순진한 거죠. 그래서 우리가 하는 일은 어떤 것이든지 국가에 대항적인 성격을 가질 수밖에 없어요. 새로운 무언가를 추구한다고 하면 그걸 내포하고 시작해야 하는 거예요, 공론장을 만들 때는. 국가권력으로부터 어떻게 자율성을 확보할 것인지에 대한 문제의식을 갖고 출발하지 않으면 아무것도 이룰 수 없어요.

함돈균 앞서 말씀드린 것처럼 모든 사람이 모든 사안에 대해 말할 수 있는 사회에서 민주주의라는 건 그 자체로 긍정적이라기보다는 좋은 장을 위한 하나의 프로세스라고 생각합니다. 그런데 민주주의라는 말에 대한 함의를 사람마다 조금씩 다르게 이해하다 보니 다수가 모든 말을 하고 많은 머릿수에 의해 결정하면 그것이 마치 그 자체로 어떤 진리성을 갖는 것처럼 되어버리는데, 사실 그건 아니잖아요. 그래서 '다중'이라는 말을 하셨을 때 다중과 군중과 대중 사이에 미묘하고도 큰 차이가 발생하는데 긍정적 의미의 다중이라는 것이 과연 지금 가능한가, 그것이 가능하기 위해서는 어떤 조건이 깊이 숙고되어야 하는 것 아닌가 하는 생각을 했습니다.

민주주의가 바람직한 것이 되기 위해서는 민주주의를 구성하는 주체들을 긍정할 수 있게 하는 가능성과 잠재력을 각각의 개인이 장착해야 하잖아요. 그런데 그게 그냥 저절로 되는 게 아니라 주체화를 위한 배움과 훈련이 필요하다는 생각이 드는데요. 우리 사회에서 그러한 것이 잘 되지 않다 보니까 그에 대해서 상당히 절망하게 되는 것 같아요. 주체화의 가능성에 대한 조건을 얘기하지 않고서 이루어지는 논의들은 이제 허깨비 같은 얘기라는 생각입니다. 설령 질서 있는 정치제도적 프로세스가 만들어진다고 해도 그런 능력을 저절로 갖게 되는 건 아니라는 의문이 들고요.

박태순 함 선생님 말씀에 공감합니다. 소위 다수결 정치가 되어버렸잖아요. 머릿수를 채우면 머릿수로 폭력을 행사하는 정치가 되었고, 그게 국회의 현 모습이죠. 왜 그렇게 됐는지 생각해 보면, 예전엔 다수결이라는 것 자체로 의미가 있었지만 이제는 다수결만으로는 참여민주주의의 철학적 빈곤을 오히려 더 드러내죠. 지금 사회는 참여의 내부 구성에 있어서 질적 차이를 전혀 고려하지 않고 있죠. 어디든 다수를 만들어서 들이밀면 되는 모습을 사회가 보여주고 있어요. 그게 위원회 형식이든 포럼이든 의사 결정에 영향을 미치면 되는 거죠.

참여를 주장하는 586 정치인들은 사람이 모이는 것에 기대감이 커요. 어디에 사람이 더 많냐, 이런 거에 집중돼 있어요. 하지만 이제 우리 사회는 사람을 숫자로 환원할 수 없는 사회가 되었어요. 이미 개별성이 강해졌다는 거죠. 개별성에 대한 해석을 하지 못하면 이 사회를 어떻게 관리할 것인지, 누가 어떻게 대표할 것인지 상상할 수 없는 사회가 돼버렸어요.

그런데 한국 정치는 내용에 있어서의 질적 차이와 다양성이라는 개념을 몰라요. 왜냐하면 머릿속에 예전의 집단민주주의 형상이 그려져 있기 때문이에요. 네트워크 사회에 대한 인식이 전혀 없어요. 뉴런(신경세포)은 뉴런마다 다 다르거든요. 수상돌기의 모양도 다 다르단 말이에요. 그런데 사회가 이러한 구조로 구성돼 있다는 걸 모르고 어떻게 작동하는지도 모르는 거예요. 기성 정치인에게는 소위 민주 세력과 반민주 세력의 그림이 기본적으로 머릿속에 작동하는 것이고, 결국은 민주 세력이 영구 집권을 하기 위해서는 이번엔 시민단체까지 통으로 같이 가자, 이렇게 해서 시민단체가 권력 내부로 포획되는 거죠.

새로움은 다양성과 차이와 차이를 통해서 발생해요. 그건 들뢰즈의 이야기를 하지 않더라도 현실 경험에서 나오는 거예요. 새로운 대안이 똑같은 사람들끼리 모여서 나오나요. 차이에 의해 새로운 대안이 만들어지는 거죠. 그러려면 뭐가 필요한가요? 논쟁을 통한 비판과 평가 그리고 논리적인 정당성의 확보 등 일종의 치열한 커뮤니케이션 과정을 통해 형성되는 거죠. 그런데 우리에게는 이런 문화가 굉장히 빈약해요. 그러다 보니 새로운 것을 창조해 내는 힘이 약한 거죠. 실제로 우리가 사는 공간과 현실은 그러한 욕구로 가득 차 있어요. 생각 있는 사람들이 그걸 조직화하면 돼요. 논의할 수 있는 공간을 만들어주면 되는 거예요. 여기 와서 한번 이런 논의를 해봅시다, 그렇게 만들어지는 게 생활 속 공론장이에요. 수없이 많은 공간을 만들어낼 수 있어요. 공간을 만들어주면 사람들이 자발적으로 참여하죠. 자발적으로 참여해서 논의를 잘 진행시키면 그 논의에 참여한 사람들이 변해요. 훨씬 더 공적으로 변해요. 마술 같아요. 사적인 입장을 가지고 오는데 그 안에서 새로운 체험을 하면서 새로운 인간형으로 바뀌어요. 그리고 훨씬 더 용감해져요. 발언에 힘이 실리고요.

그 안에서 나오는 결론에 의해서도 권력이 생기지만 그런 경험을 통해 각자의 권리의식도 훨씬 더 강해져요. 그런 경험을 바닥에서부터 충분히 해야 하고요. 그런 다음 위로 밀어내는 힘이 만들어져야 해요. 기성 정치인들이 스스로 직접민주주의를 만든다는 건 환상이에요. 권력을 나누는 일을 절대 하지 않아요. 환상이죠.

함돈균　제가 문학을 공부하는 사람으로서 소위 '사회'라는 것의 환상에 대해 사회과학자들과 다른 관점을 갖게 된 큰 부분은, 사회는 하나가 될 수 없다는 거였죠. 왜냐하면 사람들은 개별적으로 쪼개져 있기 때문입니다. 그러나 사회는 그 개별성을 욕망으로, 이데올로기로, 어떤 종류의 포퓰리즘으로 몰아붙여 덩어리로 묶고, 그 덩어리화된 수량을 바탕으로 권력을 운영하죠. 그게 정치죠. 대중의 수량이 세상의 흐름을 좌우한다는 것을 일찍이 간파한 것이 맑스주의 정치학이지만, 그렇다 하더라도 그것이 어떤 정치인가 하는 질문이 필요합니다. 수량화된 대중정치, 군중정치, 다수의 결정치가 그 자체로 민주주의라는 모호한 이름으로 무조건 정당화될 수 없다는 사실을 인지할 필요가 있습니다.

게다가 지금 한국의 제도정치는 낡은 산업화 세력과 거기에 대항권력을 형성했던 586세대가 세대 독점 정치 카르텔을 동일하게 형성하면서 대중을 기만하고 동원하고 선동하는 포퓰리즘 정치 수준을 못 벗어나고 있잖아요. 김누리 교수님은 앞선 대화(14-36쪽)에서 기성세대는 절대로 스스로 권력을 나누어주지 않는다, 그래서 독일에서는 초등학생들이 시위하는 일이 다반사고 그 학생들이 자기 목소리를 내면서 교육을 변화시킨다고 얘기하셨는데, 인상적이었어요.

김보람　권력이나 국가의 정책이 영향을 미치지 않는 곳은 없죠. 그래도 거기에 포섭되지 않고 자율성을 획득하는 현상과 지향은 또 다른 문제잖아요.

박태순 그걸 스스로 만들어내야죠. 자율성은 누가 주는 게 아니고 스스로 공론장을 통해 정치적 자유를 획득하는 거예요. 그런 공간이 없으면 경제적인 노예는 아닐지 몰라도 정치적으로는 노예 상태가 되는 거죠. 부동산을 생각해 보세요. 여의도에 있는 사람들이 매일같이 변신하는 것에 아무런 대안 없이 놀아나잖아요. 일종의 정치적인 노예 상태죠. 우리가 거기에 어떤 영향력을 행사하나요? 우리 의사가 거기에 전달되나요? 전달되지 않잖아요. 그냥 본인들 내부에서 정해요. 정치적인 면에서 보면 일정 부분 노예 상태라고 봐야 돼요. 우리한테는 그걸 견제할 힘이 없잖아요.

김보람 견제할 힘이 없는 것은 그것이 신뢰받을 만한 정도의 합의를 형성하지 못한 것이고, 합의를 형성할 기회조차 가지지 못한 거죠. 그것이 다중으로서의 결론으로 힘이 닿는 게 아니라 개별적으로 정말 다 다르다보니 앞서 말씀하신 대로 차이가 에너지로 승화되는 것이 아니라 분열로 가죠. 그래서 결집된 힘이 되지 않는 거잖아요.

박태순 다중은 복잡한 개념이 아니고 다양성이 존재하는 상태에서 일정한 이슈를 가지고 모인 사람들을 말해요. 다양성이 존재하는 상태에서 이슈를 중심으로 관계를 형성하고 결집하는 사람들이죠. 다양한 차이가 존재하는 그 안에서 사람들이 관계망을 만들면서 에너지를 형성하는 거예요. 그런 관계가 만들어지고 강화되어야 해요. 계속 만들어져야 하는데, 심지어 공론화란 이름으로 삶과 무관한 공론장을 국가가 만들어내고 있어요. 견딜 수 없는 지경을 넘어서기 위해 일시적으로 권한을 부여하는 거죠. 우리가 공론장을 스스로 형성해야 해요. 요즘 기분이 좋은 건 여기저기서 조그마한 모임이 계속 만들어지고 있다는 거예요. 그게 조금 커지면 좀 더 의미 있는 공론장이 돼요.

원래 부르주아 공론장도 처음엔 프랑스, 영국, 독일에서 커피나 차 마시면서 사소한 이야기를 하다가 시작된 거잖아요. 내가 장사를 해서 돈을 벌었는데 어떤 그림을 살까 혹은 차가 새로 나왔다는데 어떤 차를 살까 하는 이야기부터 나오기 시작한 거거든요. 새로 이렇게 저렇게 우리와 같은 고민을 하는 사람들이 삼삼오오 시동을 걸기 시작한 것 같아요. 그것이 얼마큼 발전해 갈지는 잘 지켜봐야겠죠.

한국 사회에서 시민이라는 말의 함의는 1987년 이후 시민단체가 만들어지면서 국가 정책에 반기를 드는 사람들로서 의미가 있었지요. 환경과 여성이나 소수자의 기본 권리를 확보하고자 노력하는 사람들을 시민이나 시민단체로 포괄적으로 이야기한 거거든요. 국가 정책에 관한 문제, 그리고 사람들의 기본권에 관한 문제를 제기하는 사람들이죠. 그런데 거기에서조차 시민의 내부 구성에 대해서는 누구도 생각하지 않았어요. 민중을 이야기할 때 민중의 내부 구성에 대해 이야기하지 않잖아요. 억압받는 사람들이라고 이야기되는 거잖아요. 그런 것처럼 시민이라는 말은 깨어 있는 사람들 또는 기본권을 주장하는 사람들, 이렇게 되어 있지 내부 구성에 있어서의 다양성과 복잡성을 포착하지는 못하는 단어죠. 결국엔 지금의 586 정치권과 결합되었잖아요. 원래 두 개의 라인으로 있다가 같이 가게 된 거죠. 다중이라는 말이 조금 어려워서 우리말로 '사람들'이라고 하면 가장 좋긴 합니다.

김보람   그렇지만 어쨌든 현실 정치를 생각했을 때는 그럼에도 불구하고 정당 정치를 이야기하지 않을 수 없는데요. 계속해서 정치와 정당에 대한 회의론이 나오고 있지만 그래도 정치의 본래 모습을 회복시켜야 한다는 과제가 있습니다. 정당 정치에 대한 부분을 어떻게 생각하시는지요? 그리고 정치의 본래 모습을 회복시키려고 하는 부분에 대해 어떻게 생각하시는지 궁금합니다.

박태순   2019년에 우리가 선거법과 관련해 정당 간의 관계를 많이 봤잖아요. 정당인들이 정당을 조금 더 바람직한 방향으로 만들기 위해 노력하는 것, 새로운 이들을 정당 내부로 끌어와 내부의 모순을 만든 다음 조금 더 좋은 방향으로 가는 것, 그런 노력 자체가 무의미하다고 생각하지는 않아요. 하지만 거기에 기대를 걸 수는 없죠. 벌써 수십 년 동안 속아왔거든요. 또 거기에 기대를 걸고 정치에 들어가는 것도 큰 가능성이 없다고 생각해요. 기득권은 우리가 생각하는 것보다 훨씬 더 공고 해요. 그래서 기득권 바깥에 있는 사람이 정당 내부에 들어가서 정당을 변화시키는 건 거의 불가능에 가깝다고 생각합니다. 그게 현실이라고 봐요.

함돈균 예전엔 한국 사회에 대한 관심이 많았는데 코로나 여파로 인해 이제는 문명사 전체, 세계사를 넘어 지구 전체의 관점에서 보는 눈이 없으면 우리 문제를 해결하지 못할 것이라는 생각이 듭니다. 극단화된 두 흐름이 있다고 봐요. 기업 같은 경우는 상위 100여 개 기업이 거의 모든 지구 자원을 약탈하는 수준이 되어 거의 대항이 불가능할 정도고요. 정치도 마찬가지라고 봅니다. 민주화 이전에는 형식적 민주주의도 갖춰지지 않은 상태라서 그걸 먼저 갖추는 게 우리의 과제라고 생각했죠. 그런데 행정권력이나 국회권력도 그렇고, 시민운동도 그렇고, 대항 권력이 패권을 가지게 되었을 때 못난 모습, 왜곡된 모습, 심지어는 괴물이 되어버린 희한한 모습을 보게 되는 거예요.

한편으로는 아주 큰 패권주의적 흐름이 있고 이것이 공고화되어 깨기 어려운 것 같은데, 또 한편으로는 소소한 대안적 모색들이 있잖아요. 그 흐름이 전체에 대항하기는 쉽지 않겠지만 이 가능성들을 중요하게 여겨야 한다는 생각이 들기도 하고요. 이렇게 양면적인 모습이 지금 혼재해 있는 것 같아요.

박태순 어느 것이 더 우선이냐 이런 이야기를 할 수는 없어요. 그리고 어떤 것이 더 시급한지 이야기하기도 어렵습니다. 단 한

가지 이야기할 수 있는 것은 바깥에서 새로운 권력을 형성하든 내부에서 새로운 권력을 형성하든 최소한 10년은 해야 된다는 거예요. 최소한 10년은 정당 내에서 싸워야 해요. 물러서지 않고. 그런데 그게 어려워요. 직접적인 싸움이잖아요. 피부로 마주치는 싸움. 싸우기 시작하면 본인이 계속 깨지면서 버티는 거죠. 그리고 싸우면 쫓겨날 가능성이 매우 높아요. 그만큼 가능성이 적은 거죠.

함돈균 저는 공론장에서 굉장히 중요한 부분이 학교 같은 교육기관이라고 생각하거든요. 어떻게 보면 공론은 관념을 바로하고 세상에 퍼뜨리고 유통하는 과정인데, 이 과정의 원천 역할을 하는 것이 대학 같은 곳이거든요. 그런데 한국의 대학에서는 공론이 전혀 작동하지 못하고 있어요. 학회 수준에서 전문가 지식이 공유되는 정도죠. 그것이 지식의 역사에서 중요한 부분이기도 하지만, 자세히 보면 그 제한된 장에서의 지식조차 수준이 있는, 성찰할 만한 것이 얼마나 되는가 하는 관찰을 하게도 됩니다. 특히 사회라고 하는 보다 큰 틀에서 인문·사회·과학적 지식의 제한성과 경직성, 책임성 등을 보면 참 안타깝게 느껴질 정도예요.

한국에 대안학교가 생긴 지 20년, 30년 정도 되었죠. 대부분 초등학교, 중학교, 고등학교 단위 안에서 이것이 형성되었는데 아주 의미가 없었다고 생각하지는 않아요. 하지만 지금의 국가권력이나 제도교육에 긴장이나 영향을 거의 주지 못하고 새로운 압력을 형성하지도 못했기 때문에 현재로서는 역사적 한계에 다다랐다고 봅니다. 기존 제도와 건강한 긴장 관계를 형성하고 영향력을 미칠 수 있는 그런 경계를 형성하는 것이 대안지식과 대안담론의 역할이라고 생각합니다. 그래서 그런 경계를 내부로 연결시킬 수 있는 공론장이 절실한 시점이 아닌가 생각하고요. 이런 대화에서 우리가 겨우 해보려는 것도 그런 시도죠.

박태순 저는 방금 하신 말씀이 굉장히 중요하고 의미 있다고 생각해요. 어떻게 보면 낡은 것과 새로운 것이 충돌하고, 새로운 걸 훨씬 더 강하게 만들어서 낡은 걸 물갈이해야 하는 상황이잖아요. 그러려면 가장 큰 역할을 할 수 있는 지점이 어딜 것 같아요? 낡은 것과 새로운 것이 공존하는 상황에 있어야 해요. 그래야만 낡은 걸 가장 효과적으로 버릴 수 있는 방법에 대해서도 생각하게 되죠. 너무 파괴적으로 버리면 안 되니까요. 거기 경계에서 아이디어를 만들어낼 수 있는 거거든요. 그래서 말 그대로 경계에 있어야 한다는 거죠.

우리가 국회에 공론장을 만든 것도 그런 생각 때문이었어요. 국회를 욕한다고 해서 바뀌는 게 아니거든요. 국회가 하지 못하는 것을 훨씬 더 세련되게 만들어서 국회의원들에게 줘야 영향력이 생기고 신뢰가 형성되죠. 말씀하신 것처럼 학교든 직장이든 경계 지점을 만들어줘야지 따로 만들어서 작동만 하게 하면 이전의 자족적 공동체와 다를 게 없어요. 권력이 흘러다닐 수 있는 경로를 예상하고 모임을 형성해서 거기서 모아진 내용이 흘러갈 수 있도록 열린 구조가 되어야죠.

그래서 공론장은 기본적으로 열린 공간이어야 해요. 공론장이 폐쇄적인 공간이 되면 공론이 안 돼요. 왜냐하면 '공'이라는 건 쉬운 말로 '모두의'라는 뜻이거든요. 그 뜻이 성립하려면 열린 공간이 되어야 하고, 그 포지션도 열린 공간에 있어야 하죠. 그래야만 스스로 긴장 유지가 돼요. 그 경계에 놓여 있어야만 양쪽 내지는 여러 쪽을 볼 수 있고 동시에 스스로 어떻게 균형을 형성해 갈 것인가 하는 고민을 하게 되죠. 그런 운동이 멋있죠.

우리 안의 새로운 상상력 발동시키기

함돈균 새로운 미디어들의 등장이 요즘 공론장의 물적 조건입니다. 언론권력 같은 경우 예전엔 미디어를 큰 언론사만 가지고 있어 그것이 권력이 되었지만 지금은 개인도 굉장히 강력하고 사회적인 영향력을 발휘할 수 있는 1인 미디어 시대가 되었죠. 그래서 언론권력이라는 말도 다시 한번 생각해 봐야 할 것 같아요. 언론권력이라는 게 우리가 '기레기'라고 지칭하는 이들에게만 있는 것이 아니라 모든 개인이 발화를 통해 영향력을 행사할 수 있기 때문이죠. 원론적으로 보면 지금 시대는 모두가 언론권력을 가질 수 있는 특이한 세상이 되었어요. 저는 이 시대의 모든 이들이 솔직하게 이걸 인정해야 한다고 봅니다. 말의 오염을 남 탓, 큰 권력 탓만으로 돌리는 건 비겁하다는 거죠.

이런 세계에서 과거에 억눌리고 억압받았던 계층이나 사람들이 미디어를 통해 확인되지 않은 발화, 책임지지 않는 발화, 그리고 마음에 들지 않는 사람들에 대한 인신공격을 함으로써 권력의 향배를 순식간에 전도시켜 버릴 수 있는 일들이 일상적으로 일어나고 있습니다. 이것은 이 시대의 공론장 문제를 생각할 때 굉장히 중요한 문제입니다. 어떤 분들은 어느 한쪽이 너무 억눌려 있다가 일어난 반작용이기 때문에 지나갈 수밖에 없는 일이라고 이야기하는데, 그렇게 수긍하기에는 패악이 너무 크죠. 우리가 '사회디자인'이라는 차원에서 이 시대의 문제성에 주목하고 접근할 때 반드시 살펴봐야 할 문제라는 거죠.

박태순   그 부분에 대해 해결책이 하나 있습니다. 여태까지는 입장이나 주장을 이야기하는 미디어가 많았잖아요. 지금 SNS라든지 인터넷이 양극화되어 있고, 이념화되어 있고, 정당 정치에 포획되어 있다는 이야기를 하잖아요. 그동안엔 매스미디어의 세상이 있었고, 우리의 의식까지 다 조종당했는데, 소위 과학기술 혁명으로 인해 매스미디어의 영향력이 급격히 후퇴하고 있어요. 그러면서 새로운 공론장의 구조로 변화하고 있죠. 매체 자체가 변하면서 생기는 구조 변동도 있는 거거든요. 쓰는 도구는 유튜브로 달라졌는데 하는 기능은 기존의 매스미디어가 했던 역할을 반복하고 있어요. 편 가르기 하는 내용과 이념 중심의 논의를 해요. 진보를 내세우는 방송들에도 이런 사례는 무수히 많습니다.

매체는 SNS를 쓰고 팟캐스트 같은 걸 하는데 내용은 구태예요. 진영논리에 기반해 있으니까요. 그래서 이념이나 내용에 관한 입장이나 주장을 표명하는 게 아니라 어떻게 이 공론장을 잘 만들어갈 것인가를 고민하고 논의하는 것이 필요합니다. 공론장을 제대로 만들려면 공론장을 형성할 실력 있는 주체를 잘 양성하는 것이 가장 중요해요. 공론장은 자발성에 기초하지 않으면 안 돼요. 민주주의가 작동하려면 기본적으로 자발성에 기초해야 하거든요. 공론화와 공론장은 구분해서 써야 하고요. 공론화는 '될 화化' 자를 쓰잖아요. 국가나 공공기관이 자기 목적을 가지고 사람들을 동원해 공론을 형성하려는 건 공론화예요. 국가권력이나 공공기관이 공공의 의견을 의도적으로 모으는 과정을 말하죠.

그런데 공론장의 원래 개념은 그게 아니거든요. 생활 세계 속에서 자발성을 가지고 스스로 형성해 내는 게 공론장이란 말이에요. 그러니까 두 가지 의미를 구분해서 쓰자는 겁니다. 우리는 공론화는 안 하고 공론장을 만드는 거죠. 그리고 공론장은 돈 들어갈 일이 없어요. 모여서 스스로 논의 공간을 형성해 만들어가는데 돈이 들어갈 리 없잖아요. 그래서 공론장은 쉽게 만들 수 있어요. 공정성에 기반한 사회적 신뢰가 공론장이 가지는 힘의 유일한 원천이에요. 법이 없잖아요. 사회적 합의라는 것이 법에 쓰여 있는 게 아니잖아요.

그리고 법에 쓰여 있으면 안 돼요. 유연성이 약해져요. 모이는 이들의 진실성과 진지함과 공정성, 이러한 것에 의해 발생되는 힘이 있거든요. 법이나 제도에 의해 주어지거나 만들어진 힘이 아니라 발생하는 힘이에요. 발생하는 힘에 의해 유지되는 거예요. 그래서 굉장히 불완전해요. 공론장에서 만들어내는 힘은 굉장히 불완전한 힘이에요. 그 불완전한 힘을 유지하는 건 공론장에 참여하고 운영하는 이에 대한 신뢰로부터 형성되고요. 굉장히 진지해야 해요. 그러면 잘돼요. 그 힘이 세요. 일찍이 경험하지 못한 거거든요. 우리가 스스로 무엇을 만들어낼 수 있다는 건 엄청나게 짜릿한 경험이에요. 굉장히 깊은 충격을 주는 경험이죠. 그래서 갖는 힘이 굉장히 세요. '이렇게 해도 정치가 되는 거구나' 하는 걸 사람들이 느끼는 거예요. 민주주의가 형성되어 가는, 생성되어 가는 과정을 보는 것이지요.

공론장을 다른 의미로 해석하면, 사람들이 모여서 민주주의가 형성되어 가는 생생한 드라마라고 할 수 있어요. 그러니까 그 감동이 말로 표현할 수 없죠. 주인이라고 하지만 그 권력이 행사되는 과정에 투표 외에는 단 한 번도 참여한 적이 없었거든요. 그런데 공론장이 만들어지는 과정에 본인이 참여했을 때 그리고 그 과정이 삐걱대더라도 어쨌든 작동해서 결론까지 이르는 경험을 했을 때 그것은 신선한 충격이에요. 사람들에게 그런 경험을 하게 해야죠. 그리고 그 과정을 잘 이끌 줄 아는 사람을 키워내야 해요. 이게 우리가 해야 할 일이에요.

김보람 말씀 듣는 것만으로도 든든하고 큰 힘이 됩니다. 대표님의 최근 이슈가 새로운 운동의 발명인 것으로 알고 있습니다. 저희도 그것이 굉장히 중요하다고 생각하기 때문에 그 내용과 방법 및 주체 등에 대해 마지막으로 듣고 싶습니다. 그리고 앞서 말씀하신 경계에 대한 이야기에도 굉장히 공감했는데, 낡은 것과 새로운 것이 공존하는 부분, 그 경계에 있어서 낡은 것을 논증하는 것, 낡은 것을 논증하고 그 이후에 새로운 운동을 발명해 가는 과정에 대해 말씀을 듣고 싶습니다.

박태순　몇 가지 생각을 좀 해야 할 부분이 있어요. '시민'이라는 용어보다는 '다중'이라는 용어가 무엇을 의미하는지에 대한 고민, 자율이 무엇인지에 대한 고민 등 여러 측면에서 새로운 고민을 해야 하는 상황인 것 같아요. 그런 고민을 멈추지 않아야 한다고 생각해요. 세상을 방바닥 걷어내는 식으로 이렇게 걷어내면 거기엔 어마어마한 정보와 자료와 근거가 널려 있거든요. 실제로 사람들은 이미 차이에 기반한 다양한 삶을 살아가고 있어요. 그리고 요동치고 있고요.

그런데 이 많은 사람을 국가가 책임지나요? 책임지지 않아요. 누구도 책임지지 않는 상태에서 다양한 것이 뒤엉켜서 다양한 현상을 만들어내거든요. 위기 상황도 오고 공동으로 해결해야 할 과제도 항상 새롭게 생기잖아요. 그럴 때는 사람들의 뜻과 의지를 잘 모아서 문제를 해결해야 하잖아요. 이러한 자체 역량을 어떻게 성숙시킬 것인가 하는 문제를 집중적으로 고민해야 할 상황인 것 같아요. 그래서 새로운 운동은 기존의 기본권 중심의 또는 국가 정책 중심의 시민운동이 자기 생명력을 다한 빈공간에서 우리는 무엇을 해야 할 것인가에 대한 문제 제기예요. 그 문제 제기의 핵심은 다양화된 시민의 삶을 어떤 방식으로 재조직화할 것인가 하는 문제에 대한 진지한 고민이고요.

사람들의 삶을 시민단체라는 이름이 비공식적으로 대리해 왔어요. 사람들은 회비를 내는 식이었고요. 하지만 이제 사람들의 욕구를 충족시킬 수 없는 단계가 되었어요. 그래서 할 일이 없어지니까 시민단체가 쭉 들어간 거예요. 그러면 여기에 사람들이 남았잖아요. 그 사람들이 스스로를 조직해야 해요. 자기 스스로 조직해서 스스로 과제를 형성하고 권력을 창출해야 돼요. 이 모양새를 어떻게 만들어갈 것인가 하는 굉장히 중차대한 과제에 직면해 있는 거죠.

과제 중심으로 다중이 모여 공론장을 만들어보는 훈련을 수없이 하다 보면 그다음에 우리가 무얼 할 것인지는 그다음 차원에서 고민해도 돼요. 국가권력과 사람들의 삶이 있다면 이전엔 시민단체 같은 것이 나름대로 가교 역할을 한 측면이 있었는데, 지금은 이게 쭉 들어갔어요. 그러면 국가권력과 사람들의 삶이 그대로 노출된 상태로 만나는 거잖아요. 지금 부동산 같은 걸 보면 딱 드러나요. 국가권력과 사람들이 막 충돌하잖아요. 사람들이 힘을 형성해야 돼요. 매일 피케팅만 할 수 없잖아요. 이 힘을 어떻게 형성해 내고 대의를 뛰어넘는 대안을 형성해 낼 것인가 하는 문제를 고민해야 한다는 거죠. 그 대안의 하나로 저는 다양한 이슈를 가지고 다양한 공론장을 형성해 가자는 겁니다. 그런 운동을 한번 해보자고 주장한 거죠.

함돈균   간단하지만 다중에 대한 새로운 규정을 해주신 것 같습니다. 다중에 대해 너무 복잡하게 이해하지 말고 하나의 이슈를 중심으로 여론을 형성하고 거기에서 역동성을 발생시키는 것으로 보자. 이렇게 말씀하셨는데 진짜 이렇게 자율적인 공간에서 우리 안의 새로운 상상력을 발동시켜서 만든 다양한 조직이 많이 나타나면 좋겠습니다.

박태순   우리가 만들고 싶은 세상의 모습을 그 조직의 운영에서 그대로 보여줘야 해요. 교육도 그렇게 해야 하고요. 실제로 그 안에서 교육받는 사람들에게 공론장의 모습을 보여줘야죠.

함돈균   형식 자체가 내용을 가지고 있어야 한다는 거죠?

박태순   그럼요. 그리고 거기에 있는 아이들과 이슈를 정해서 공론장을 펼쳐봐야죠. 그러면 아이들이 '아, 이게 공론장이구나' 하고 알 거 아니에요? 교육을 하든 뭘 하든 실제 역량을 키울 수 있는 프로그램을 만드는 게 좋고요. 공론 관련 일을 하는 사람들은 실제로 그 모습을 보여주는 훈련을 해야 돼요.

함돈균   몇 년 전 작고하신 문학평론가 황현산 선생님도 비슷한 말씀을 하셨죠. 진보라는 것은 미래에 보고 싶은 삶을 이 현실에서 미리 당겨서 사는 사람들이라고요. 그들이 지금 여기에서 그렇게 살지 않는다면 그 미래를 향한 동력을 어디에서 얻을 것이냐고 하셨죠.

김보람 저희뿐만 아니라 미래 세대에 당부하고 싶은 말씀을 듣고 마무리하도록 하겠습니다.

박태순 우리가 사회에 대해 불만을 가질 수 있고 비판할 수 있습니다. 그런데 그 비판에 애정이 담겨 있어야 하고 비판의 내용은 다른 사람들도 용인할 수 있는 합리성을 갖추고 있어야 한다고 생각해요. 자신이 원하는 게 있으면 남이 해주기 전에 먼저 자기가 실제로 해보는 게 좋아요. 그러면 만족감이 들어요. 우리에겐 자유로움에 대한 두려움이 있는데요. 그 두려움을 딛고 자유를 얻었을 때의 기쁨은 굉장히 크고 멋있어요. 젊은 사람들이 그런 경험을 했으면 좋겠어요. 젊은 사람들 역량이 뛰어나잖아요. 그런데 조금 답답한 건 젊은 사람들이 자유롭다고 느껴지지 않을 때가 너무 많다는 거예요. 자유는 본인이 진짜 원하는 것이 무엇인지 생각하고 그것을 해보는 거예요. 생각 안 해도 돼요. 그냥 해보는 거라고요. 그랬을 때 얻는 기쁨과 만족감과 자존감은 굉장히 크죠. 그런 걸 바랍니다.

조천호

대기과학자, 전 국립기상과학원장

지금

: 미래가 존재할 마지막 시간

기후변화의 시대에서 기후위기의 시대로

김보람   오늘은 국립기상과학원의 원장님이셨던 대기과학자 조천호 선생님을 모셨습니다. 자기소개를 직접 해주시죠.

조천호   국립기상과학원에서 30년 동안 일했습니다. 저는 처음부터 기후변화를 연구한 사람은 아니에요. 제가 대학에 다녔던 1980년대만 해도 기상학과에 기후변화라는 과목도 없었어요. 기후변화는 지금도 만들어지고 있는 학문이죠. 원래 저는 슈퍼컴퓨터에서 전 세계 날씨를 예측하는 시스템을 개발하는 업무를 했었는데, 2005년도부터 우연히 기후감시 업무를 하게 되었어요. 안면도에 국립기상과학원 기후감시센터가 있는데, 거기서 우리나라 온실가스를 측정하고 분석하는 일에 처음 관여하기 시작했죠. 그때 예사롭지 않은 기후변화가 일어나는 것을 알게 되었어요. 여기에 흥미를 느껴 기후변화 연구를 시작했고요.

함돈균   기후변화에서 이제 '기후위기'라는 말을 쓰는데, 그 말의 변화가 함의하는 것이 무엇인지 시민들이 쉽게 이해할 수 있게 설명해 주실 수 있을까요?

조천호 기후변화는 인간 개입 없이도 자연에서 늘 있는 현상이에요. 지구는 지난 5억 4천만 년 동안의 기온 변동 폭인, 지금보다 평균온도가 15도 높았을 때도 5도 낮을 때도 생명을 키워냈어요. 현생인류는 20만 년 전에 등장했지만, 문명은 약 1만 2000년 전에 시작된 홀로세의 안정한 기후조건에서 이루어졌죠. 홀로세는 현재 세계 인구 약 80억 명을 먹여 살리고 현대 사회를 지탱해 주는 유일한 기후조건이에요. 그런데 산업혁명 이후 증가한 온실가스는 1초마다 히로시마 원자폭탄 다섯 개와 맞먹는 에너지를 우주로 빠져나가지 못하게 하고 있어요. 1998년 이후 약 31억 개의 원자폭탄과 같은 양의 에너지를 가두어 지구가열이 일어나고 있죠.

오늘날 인간 활동으로 일어나는 기후변화는 인류의 위기를 강조하기 위해 '기후위기'라는 용어를 사용하기도 해요. 기후변화 아젠다를 이끌어가는 대표적인 언론사가 영국의 〈가디언〉이에요. 2015년에 〈가디언〉은 '기후변화' 대신 '기후위기'로 표현하고, 포근한 느낌을 주는 '지구온난화'Global Warming 대신 '지구가열'Global Heating이라는 용어를 사용하겠다고 했어요. 그리고 이전엔 기후변화 부정론을 다른 의견으로 같이 다루어왔는데, 거짓된 정보이므로 이에 관한 기사를 쓰지 않겠다고 선언했습니다.

함돈균   오늘 아침에 '루트임팩트'라고 하는 프로그램을 운영하는 현대그룹 집안 3세 정경선이라는 분의 인터뷰를 신문 기사에서 봤어요. 기업을 하는 집안에서 기후위기에 관한 문제를 심각하게 받아들이는, 조금은 예외적인 모습이 흥미롭더라고요. 기업 경영 차원의 문제의식하고는 다른 인상을 받았거든요. 미국 컬럼비아 대학에서 학위 과정을 밟을 때 그곳 수업에서 전부 다 기후위기 이야기를 하더라는 거죠. 심지어 이 문제를 워런 버핏 같은 투자가들이 다루면서 자본과 시장 입장에서도 엄청난 문제의식을 갖고 있었다고 이야기해요. 그러면서 '웰컴 투 디스토피아'라는 표현을 쓰더라고요. 이미 기후위기 상황의 방향이 정해져서 되돌릴 수 없다는 암울한 의식을 가지고 그분이 이야기하는 걸 봤는데, 기상학자로서 그런 견해에 어느 정도 동감을 하시는지, 또 그런 관점에서 지금 위기의 시각을 몇 시쯤이라고 이야기할 수 있을지 말씀해 주세요.

조천호   각국 중앙은행 간 협력을 꾀하는 국제 금융기구인 BIS^{Bank for International Settlements}, 세계결제은행에서도 2020년 1월과 5월에 기후위기를 다룬 〈그린스완〉이라는 보고서를 냈어요. 이 보고서에서 기후위기는 일어나는 것이 확실하고, 일단 일어나면 회복불가능한 위험이라고 했습니다. 그리고 화석연료 산업이 좌초 산업이 될 가능성이 높으므로 그런 투자를 조심하라고 경고했어요. 선진국은 지금까지 화석연료를 기반으로 전 세계를 지배해 왔는데, 앞으로 재생에너지 기반의 새 세상에서도 여전히 지배력을 유지하려 하죠. 애플, 구글, 마이크

로소프트 등 글로벌 대기업은 자신들에게 납품하는 기업들에게 100퍼센트 재생에너지로 만든 상품을 요구하려 해요. 유럽연합과 미국은 화석연료를 사용해 생산한 상품에 탄소국경세를 매기려고 준비 중이죠.

결국 재생에너지로 제품을 생산하지 못하면 수출을 할 수 없거나 해외로 공장을 옮겨야 해요. 이는 선진국들이 재생에너지에 대한 앞선 기술력으로 이른바 '사다리 걷어차기'를 하겠다는 것이죠. 기후위기 대응은 우리나라 스스로 정한 프레임이 아니잖아요. 세계 주류 시장에 참여하기 위해 요청되는 우리 외부로부터 강제되는 프레임이에요. 우리나라가 적극적으로 기후위기에 대응하지 않으면, 기후위기 이전에 경제위기에 처할 가능성이 커요. 세계 시장에서 도태되지 않기 위해서라도 우리는 기후위기 대응을 해야 할 처지예요.

기후위기 대응을 통한 경제 혜택은 온실가스 저감 비용보다 클 것으로 전망해요. 기후위기에 아무 대응도 하지 않아 치러야 할 비용은 저감 비용과는 비교할 수 없을 정도로 더 크기 때문이죠. 현재 온실가스 배출 수준이라면 기후 위험이 본격적으로 일어나는 지구 평균기온 상승 1.5도는 2030년대에 일어날 가능성이 커요. 위험을 헤쳐나가는 것도 한계에 부딪혀 결국 파국에 도달할 수 있는 2도 상승은 2050년대에 넘어설 것이라 예상해요. 온실가스 배출량을 줄이지 않는다면, 우리와 직접 상관없는 먼 미래가 아니라 바로 우리와 우리 아이들이 기후 위험에 빠지게 돼요.

김보람   외국의 정책 분야 관계자들을 만나보면, 기후위기 문제를 정말 심각한 것으로 인지하고 있더군요. 지구 생명의 문제뿐만 아니라 산업 판도를 완전히 뒤집어엎는 과제가 되었죠. 과연 이 과제수행 능력이 어떤 나라에 있는가, 심지어 인간에게 있는가 하는 문제의식이 제기될 정도로요.

미래 의제가 아닌 지금 당장의 문제

조천호   왜 기후위기에 지금 당장 절박하게 대응해야 하는지에 대해 이야기해 볼게요. 5억 4천만 년 전에 캄브리아기 대폭발이 일어나서 제대로 형태를 갖춘 생명들이 지구에 충만하게 되었습니다. 그리고 환경이 변화하면 멸종하게 되는데, 보통 하나의 종이 탄생하면 500만 년에서 길게는 1000만 년 동안 생존해요. 호모사피엔스, 현생인류가 지구상에 등장한 건 약 20만 년 정도 되었잖아요. 그런데 기후위기와 환경 파괴로 멸종할 상황이에요. 그것도 자연환경이 변해서가 아니라 자기가 환경을 변화시켜서 스스로 멸종을 향해 가는 겁니다. '슬기로운 인간'인 호모사피엔스가 이렇게 어처구니없는 상황을 만든 거예요. 지금 우리 인류는 스스로 자기 목에 총을 대고 방아쇠를 당기려는 상황이에요.

지구 평균기온 상승은 체온 상승과 비슷해요. 화석연료를 태워서 온실가스를 증가시켜 지구 평균기온이 100년 동안 1도가 올랐어요. 정상 체온에서 1도 정도 올라가면 컨디션이 안 좋아 자기 몸의 이상 상태를 감지하죠. 그것처럼 지금은 전 지구적으로 기후위기가 일어난 게 아니라 기후위기의 전조 현상들이 나타나서 기후위기를 감지하는 수준이에요. 2도 이상 올라가게 되면 지구가 탄성력을 잃어버려요. 볼펜 심 앞에 있는 스프링을 조금 당겼다가 놓으면 제자리로 돌아오지만 확 당기면 다시 제자리로 안 돌아오잖아요. 지구 평균기온이 2도 이상 상승하면 탄성력을 잃어버려 회복 불가능한 위험에 빠지게 돼요. 예를 들어 2020년 6월 시베리아에서 38도까지 기온이 올라간 지역이 있었어요. 그 이유가 여러 가지가 있지만 그중 한 가지는 눈이 녹아버렸기 때문이에요. 원래 그 지역은 항상 눈이 덮여 있어야 하는데 기온이 올라 그 지역 눈이 녹아버린 거죠. 눈이 없어 토양이 드러났어요. 눈이 덮였을 때는 햇빛이 반사되어 우주로 되돌아갔는데 눈이 없어지니까 햇빛, 즉 태양에너지가 지상에 흡수된 거예요. 기온이 더 높아져 눈을 더 많이 녹일 테고, 그러면 더 많은 태양에너지를 흡수하잖아요. 인간이 배출하는 온실가스와 상관없이 스스로 계속 기온이 올라가는 거죠.

이렇게 자기증폭적으로 기온이 상승할 수 있는 요소가 한 가지만 있는 게 아니라 여러 가지가 있어요. 5억 4천만 년 동안 다섯 번의 대멸종 사건이 있었는데, 자기증폭적으로 기후가 변해 일어났죠. 우리가 지구 평균기온을 상승시킨다는 건 지구가 대멸종을 일으키도록 우리 스스로 방아쇠를 당긴다는 의미예요. 결국 지구 조절 시스템이 다 붕괴돼요. 인류가 지구상에 등장한 이래 수많은 위험을 거쳐오면서 오늘날의 찬

란한 문명을 만들었어요. 그동안 전쟁, 감염병, 자연재난, 그리고 최근 들어 금융위기 등이 있었어요. 이때 인류는 시행착오를 겪기도 했지만 그런 것을 극복하고 더 나은 세상을 만들어냈죠. 즉 지금까지 모든 위험은 회복할 수 있는 위험들이었어요. 그런데 기후위기는 회복 불가능해요. 그래서 기후위기는 지금까지 인류가 경험했던 위험과는 질적으로 전혀 다른 위험인 거예요. 남은 시간이 얼마 없어요. 바로 지금 당장 대응하지 않으면 안 돼요. 다음 세대가 대응할 수 있는 문제가 아니란 말이지요. 바로 지금이 최후 기회이자 최선 기회이므로 우리는 할 수 있는 모든 일을 해야 합니다.

김보람 100년 동안 평균기온 1도 상승이면 엄청나네요.

조천호 신생대인 지난 6500만 년 동안 자연에서는 1000년에 1도 상승이 가장 빠른 기온 상승 속도였어요. 인류는 화석연료를 태워 지난 100년 동안 약 1도를 상승시켰죠. 즉 인간에 의한 기온 상승 속도는 자연보다 열 배나 빨랐어요. 문제는 변화 크기보다 변화 속도입니다. 기후변화의 속도가 빨라지면 더 극단적인 날씨가 더 많이 발생해요. 비정상 날씨가 새로운 정상이 되고 새로운 비정상이 전례 없는 것이 되는 거죠. 가뭄이 들어 물이 부족해 식량 생산량이 줄어들고 생물다양성이 감소하죠. 그리고 해수면이 상승하면 연안 대도시들이 물에 잠기게 되고, 이산화탄소 농도가 높아지면 바다가 이산화탄소를 더 많이 흡수해요. 물이 탄소를 흡수하면 산성도가 높아져서 해양 생태계가 붕괴하고요. 이렇게 우리의 생존 기반이 무너지는 겁니다.

함돈균 말씀 들으니 기후위기라는 것이 단순히 환경문제가 아니라 식량이나 국가안보와 직결된 문제라는, 미래 의제가 아닌 지금 당장의 문제라는 생각이 드네요. 지구의 회복성, 탄력성이 회복 불가능하게 된다는 것과 시간에 대해 말씀하셨는데, 거기에 대해 좀 더 말씀해 주시면 좋겠습니다.

조천호 인류는 극지방에서 사막, 열대우림 등 다양한 기후에서 살고 있지만 인구 밀집지역은 평균기온 11도에서 14도 범위인 온대 지방이죠. 거기 몰려 사는 이유는 그곳에서 식량이 많이 생산되기 때문이에요. 이 기온 범위가 3-4도 정도밖에 안 돼요. 그러니 평균기온이 2도 상승하면 농업 생산량이 엄청나게 줄어들게 됩니다. 이렇게 되면 지금 15억 명이 살고 있는 지역이 더 이상 살기 어려운 곳이 되리라 전망하고 있어요. 이 세상이 아수라장이 될 거예요. 실제 이미 이런 상황에 부닥친 경우도 있고요.

2010년에 러시아의 밀 생산 지역에 가뭄이 심하게 들었어요. 러시아는 북아프리카와 중동지방에 밀을 수출하는데, 이때 수출을 중단해 버리죠. 밀 가격이 60-70퍼센트까지 크게 치솟아 올랐어요. 그래서 '아랍의 봄'이라고 기억하실 거예요. 밀가루 가격이 폭등해서 사회적 폭동이 일어났고 그중에서 시리아가 특히 고통스러웠죠. 시리아는 2007년부터 가뭄에

135

시달리고 있었어요. 안 그래도 힘든 상황에서 밀가루 가격이 올라 사회가 불안정해지자 결국 내전이 터졌고, IS라고 하는 극렬분자가 등장하게 된 거죠. 먹을 것도 없는데 폭탄이 떨어지고 총탄이 왔다 갔다 하니 난민이 되는 거 아니겠어요?

그런데 자기 땅을 버리고 떠나야 하는 난민은 더 좋은 곳으로 가려 하잖아요. 유럽을 향했죠. 유럽 입장에서 보면 자기들과 피부색도 다르고, 말도 다르고, 종교도 다른 사람들이 국경을 넘어 들어오는 거잖아요. 우리나라도 몇 년 전 예멘 사람 400명 정도가 제주도에 들어왔었죠. 그 당시 우리나라 보수 신문을 보세요. 400명 난민 때문에 불안해서 못살겠다고 했거든요. 수십만 명의 군대와 10만 명의 경찰력을 가진 우리나라에서 말이죠. 유럽에서도 많은 사람이 국경을 넘어오니 국가 안보가 걸린 문제라고 봤어요. 그 당시 오도 가도 못하는 시리아 난민의 처지가 참 비참했죠. 전 세계적으로 '너무 불쌍하다'는 여론이 일어났어요. 그래서 유럽연합에서 각 국가가 형편 닿는 대로 난민을 맡아주자고 합의했죠. 그런데 영국이 그걸 안 하겠다고 했어요. 브렉시트Brexit를 한 이유 중 하나가 난민을 받지 않으려고 국경을 봉쇄하겠다는 거였어요. 러시아 가뭄이 엉뚱하게도 가난한 나라의 위기를 일으키고, 그 위기가 다시 유럽의 위기가 되었죠.

이대로 가다간 기후위기로 15억 명이 난민이 될 수도 있어요. 실제로 그러면 우리가 상상할 수 없는 지정학적 위기가 일어날 겁니다. 결국 우리는 정치사회적 비참함에 의해 무너질 거예요. 만약 대한민국에서 기후위기가 벌어진다면, 마트에서

먹을 걸 안 파는 상황이 일어날 수 있어요. 그 상황이 회복 안 되고 점점 심각해지는 거죠. 우리가 코로나19 상황에서 재난 지원금을 풀었잖아요. 경제적 어려움을 겪는 분들과 자영업 하시는 분들에게 도움이 되었죠. 그건 통제할 수 있는 위험이에요. 그런데 먹을 게 없다면요? 그러면 아무리 재난지원 금을 지원해도 소용이 없죠. 그건 통제 불가능한 위험이에요. 그래서 기후위기가 우리 눈앞에 본격적으로 드러나면 회복 불가능하고 통제 불가능한 위험이라는 거예요.

함돈균 인류가 너무 지구에 못할 짓을 했고 지구의 지속가능성에 방해가 되는 존재인 거네요. 한 인터뷰에서 지금의 세대가 기후 위기를 처음 인식한 세대이자 그 위기를 해결할 수 있는 마지막 세대라고 말씀하신 걸 봤는데, 그래도 어쨌든 우리가 뭔가 지금 당장 해결하려고 움직인다면 해결을 할 수 있다는 그런 가능성을 생각하시는 거잖아요. 그런데 그걸 개인의 도덕이나 윤리에만 맡길 수도 없고, 법이나 제도에만 의지할 수도 없고, 한 국가의 문제도 아니기 때문에 한 국가가 노력한다고 되는 것도 아니어서 굉장히 다층적이고 다각적으로 동시에 진행되어야 할 것 같아요. 그런 부분에 대해 어떻게 생각하시는지요?

조천호 과학자들은 약 30년 전부터 기후위기를 예측하며 그걸 막지 않으면 파국이 벌어질 것이라고 이야기했지만, 그동안 온실 가스 배출량은 계속 증가했어요. 20년 전부터 기후위기에 제대로 대응했다면, 1.5도 기온 상승을 막기 위해 온실가스를 매년 4퍼센트 정도만 줄이면 됐어요. 미끄럼틀 타듯이 줄이면 됐는데 계속 증가시켜 놨죠. 지금 해결하려고 보니 전년 대비 15퍼센트씩 줄여나가야 해요. 롤러코스터 타듯이 줄여야 하는 상황이 된 거죠.

1998년 IMF 외환위기 때 우리나라 온실가스 배출이 15퍼센트 줄었어요. 그 당시 대한민국은 거의 전시 상황이었죠. 1.5도 상승을 막는다는 것은 전 세계가 1998년도 대한민국 상황을 견뎌내야 한다는 의미예요. 이제라도 당장 온실가스를 줄이지 않는다면 절벽에서 떨어지는 경우만 남았다고 봅니다. 그만큼 우리는 지금 절박한 상황이에요. 그러면 이러한 일들이 왜 일어났느냐? 우리가 지구위기를 일으키려고 의도했던 건 아니잖아요. 위험성이 경고되는 상황에서도 계속 온실가스 배출량을 증가시켜 왔던 건 바로 잘살겠다는 욕망 때문이죠. 그렇기 때문에 우리 욕망을 제어하지 않으면 기후위기를 막을 수 없습니다. 유한한 지구는 무한한 인간 욕망이 달성될 수 있는 곳이 아니기 때문이에요.

예전에 인간이 만든 세상이 작았을 때는 두 배, 열 배, 백 배씩 성장하는 게 별문제가 되지 않았어요. 지금은 인간이 만든 세상이 지구 한계를 넘어서는 수준에 도달한 거예요. 지금 경제성장률이 매년 전 세계적으로 평균 3퍼센트 정도예요. 매년 3퍼센트씩 성장하면 23년 후에는 경제 규모가 두 배가 돼요. 경제 규모가 두 배가 되는 게 인간 두뇌와 근육만으로 되는 건 아니잖아요. 경제가 성장하는 만큼 에너지와 자원을 착취적으로 가져다 쓰고 온실가스와 오염먼지를 내뿜고 쓰레기를 쌓아두어야 하잖아요? 그래서 지금과 같은 삶의 방식은 파국에 이를 수밖에 없는 거죠. 우리가 지금까지 잘살아보겠다고 달려온 삶의 방식에 대해 근본적으로 다시 성찰해야 하는 시점에 도달했다고 봅니다.

위기를 위기로 인식하지 못하는 대한민국의 위기

김보람 지금까지 인류가 잘살아보겠다는 욕망으로 계속 온실가스도 배출하고 쓰레기도 배출하면서 지구에 많은 악영향을 미쳐왔는데, 편의와 효율성 위주의 개발을 했던 인류가 욕망을 조절하고 기후위기를 막을 기술을 개발할 가능성이 있을까요?

조천호 기후변화로 인한 최악의 영향을 줄이기 위해 최후의 수단으로 지구공학geoengineering이라 부르는 기후조절 기술이 주목받고 있습니다. 오늘날 많은 사람은 기술 진보에 기반한 성장이 사회 문제뿐 아니라 그 어떤 문제도 해결할 수 있을 것이라 믿어요. 그런 점에서 지구공학은 산업과 에너지 시스템을 근본적으로 바꾸지 않고도 기후위기를 해결할 수 있다고 약속한다는 점에서 호소력을 갖습니다. 체계를 바꾸는 것은 저항이 크지만 기술을 개발하는 건 그렇지 않기 때문이죠.

그런데 지금까지 개발된 조절기술 중 실용성 있는 것은 없어요. 지난 2018년에 인천에서 유엔 기후과학자들의 모임인

IPCCIntergovernmental Panel on Climate Change(정부간기후변화협의체) 회의가 있었고 〈지구온난화 1.5도〉를 발간했어요. 여기에 '바이오에너지 탄소저장포집'이라는 기술이 소개되었어요. 사탕수수를 키워 광합성을 통해 공기 중 이산화탄소를 흡수하고 사탕수수를 알코올로 발효시킨 다음 그 알코올로 발전기를 돌려 전력을 생산하고, 굴뚝에서 나오는 이산화탄소는 포집해 땅속에 저장하는 거죠. 생각은 기발합니다. 그런데 1.5도를 막으려면 필요한 사탕수수 재배 면적이 호주만 해요. 이렇게 넓은 경작지에 사탕수수를 심는다는 건 누군가는 굶어 죽으라는 거죠. 아니면 열대우림을 불태우고 거기다가 사탕수수를 심으면 생태계를 파멸시키겠다는 거잖아요. 사람이 먹을 것으로 에너지를 만드는 행위는 윤리적으로 아주 위험합니다. 우리 미래를 불완전한 기술에 의지할 수는 없죠.

이렇게 지구공학은 개별적인 증세에만 초점을 맞춘 단편적인 접근 방식이며 본질적으로 자연을 기계로 바라보는 근대적 대응 방법입니다. 즉 문제가 발생했을 경우 기계처럼 문제가 된 부분만 수리하면 정상적인 작용을 다시 할 수 있다고 생각하는 것이죠. 그러나 지구는 모든 것이 서로 연결된 거대한 자기조절 시스템이에요. 작은 차이에 의해 큰 영향이 나타날 수 있는 비선형 체계이고, 임계 상태를 넘으면 원래 상태로 되돌아갈 수 없는 비가역 체계죠. 그러므로 지구가열을 막기 위한 공학적 대응은 여러 가지 요인들로 인해 의도하지 않은 결과를 낳을 수도 있어요. 즉 지구공학을 통한 섣부른 인간의 기후 조작이 더 큰 재앙을 몰고 올 수도 있습니다.

함돈균　무질서, 그러니까 엔트로피 법칙이라는 것이 물리학의 기본 법칙으로 있지 않습니까? 무질서도는 낮출 수 없다, 방향을 돌릴 수 없다는 건데, 기술을 기술을 통해 해결할 수 있다거나 기술 외에는 어떤 방법이 있겠느냐는 그런 주장도 있는데요.

조천호　독일 사회학자 울리히 벡이 얘기했듯이 과거 위험은 홍수, 가뭄, 감염병처럼 외부에서 일어났습니다. 홍수는 둑을 잘 쌓으면 막을 수 있죠. 가뭄은 댐과 저수지를 잘 만들면 돼요. 감염병은 보건 시스템을 잘 구축해 놓으면 됩니다. 지금까지 위험은 과학기술로 잘 막을 수 있었죠. 오늘날 위험인 기후위기, 생태계 파괴, 환경오염, 방사능 등은 과잉 때문에 발생합니다. 과거에 성공적이었던 과학기술로 해결할 수 있는 문제가 아니에요. 과거 위험은 결핍 때문에 일어나므로 채우면 사라지는 위험이었죠. 현대 위험은 자연이 아니라 자연을 지배하려는 인류 문명 자체에서 일어나는 것이에요. 기후위기 원인은 잘살기 위해 이산화탄소를 과다 복용해 지구가 건강을 잃은 탓이죠.

지구공학은 지구 건강을 회복시키기 위해 다시 약 처방을 하는 거예요. 가장 단순하고도 안전한 해법은 근본 원인을 찾아서 문제를 해결하는 거죠. 건강한 몸에는 그 어떤 약도 필요 없잖아요. 만병통치약으로 지구공학을 찾을 게 아니라 건강한 지구로 회복하도록 하면 돼요. 지구가 건강해지기 위해 온실가스 배출을 줄여야 하는데, 이때 과학기술은 중요한 역할을 합니다. 2022년에 발간된 IPCC 보고서는 백지상태에서

141

기후위기에 대응하려는 게 아니라고 해요. 현재 과학기술 수준으로도 2030년까지 다양한 부분에서 2019년 수준의 절반 이상으로 전 지구의 온실가스 배출량을 줄일 수 있다는 거예요. 과학기술은 지구가열을 막을 수 있다고 보는 거죠. 과학기술이 할 수 있다고 제시한 이 목표의 달성 여부는 결국 정치사회적 의지의 문제입니다.

함돈균 　크린에너지, 대체 에너지에 대한 엇갈린 관점이 있지 않습니까? 원자력발전소를 다른 발전소로 대체하고 화석연료 대신 상용 전기자동차로 바꾸면 된다고 하거나, 어떤 사람은 배터리를 사용하는 데에도 에너지가 소비되는 것 아니냐는 식으로 이야기하기도 하고요. 대체 에너지를 만드는 어떤 결사적 노력이 있는 한편 그에 대해 서로 엇갈리는 이데올로기가 있는 것 같습니다. 어떻게 보면 진보적 관점의 사람들 사고 안에도 기술 이데올로기가 있는 것 같다는 생각도 들고요. 어떻게 볼 수 있을까요?

조천호 　오늘날 위기는 대량 생산, 대량 소비, 대량 폐기에서 비롯됩니다. 대량 생산을 하기 위해 착취적으로 에너지와 자원을 빼다 쓰고 거의 공짜에 가깝게 온실가스와 오염먼지를 배출하고 쓰레기를 버린단 말이죠. 이 과정은 순환이 안 돼요. 에너지는 재생되어야 하고 자원은 순환되어야 하는데 말이죠. 산업혁명 이후 이 세상은 재생할 수 없는 화석연료에 기반하여 구축되었죠. 인류는 이 조건에 탁월하게 적응해서 거대한 가속으로 성장해 왔지만, 그 같은 조건은 항구적이 아니라 일시적일 수밖에 없어요. 오늘날 산업은 기후위기를 일으키도록 구축되었지 기후위기에 대처하도록 설계되지 않았기 때문이에요.

우리는 에너지 시스템을 완전히 바꿔야 할 상황에 직면했어요. 전 세계적으로 화석연료에서 재생에너지로 빠르게 전환되고 있죠. 이러한 전 세계적 흐름과 달리 유독 한국 사회는 재생에너지로 해결이 불가능하니 핵발전을 확대해야 한다는 목소리가 커요. 우리나라 핵발전 찬성론자는 우리나라 자연환경에서는 재생에너지로 전력 수요를 감당하지 못할 것이고 재생에너지 폐기물 문제가 심각할 것이라고 비판해요. 결국 재생에너지로 전환하는 것이 불가능하니 그 대안으로 핵발전 확대를 주장하는 거죠. 핵재앙, 핵폐기물, 핵확산의 위험을 뒤로 감춘다면 핵발전도 기후위기를 막기 위해 '모든 걸 다하자'do everything에 포함될 수 있습니다. 그러나 복잡한 문제에 대한 간단한 대답은 틀릴 가능성이 크죠. 기후위기에 대응하기 위한 핵발전 확대라는 간단한 해법도 마찬가지예요. 기후위기 대응이 그처럼 간단하다면 이 세상이 이 문제로 골머리를 썩일 이유가 없겠죠?

이제 핵발전은 '위험과 혜택' 수준뿐만이 아니라 '비용과 효과' 측면에서도 더 가능하지 않아요. 핵발전이 시장에서 무너지고 있어요. 재생에너지 가격이 급격히 내려가고 있기 때문이에요. 지난 10년 동안 태양열 패널 가격이 85퍼센트 떨어졌어요. 풍력은 55퍼센트까지 가격이 내렸고요. IPCC 6차 보고서에서 현 수준 기술로 2030년까지 핵발전은 태양광·풍력 발전에 비해 이산화탄소 감축 규모가 9분의 1 정도이며 비용도 훨씬 비싸다고 분석했어요. 지난 10년간 가장 빠른 기술혁신과 대량 생산이 있었던 분야는 원자로가 아니라 태양광·풍력과 전력 저장에 필요한 배터리 등 재생에너지이기 때문이죠.

그런데 대한민국이 OECD 국가 중 재생 비율이 가장 밑바닥 수준이에요. 태양광은 위도가 낮을수록 유리한데 우리나라는 재생에너지 나라인 독일보다 위도가 무려 15도나 낮아요. 우리나라는 풍력이 북유럽처럼 풍부하지는 않지만, 상공에 제트기류가 흐르기 때문에 적다고만 볼 수는 없어요. 골프장을 서울 면적만큼이나 사용하는 나라예요. 건물 및 도로와 철도 주변, 방음벽, 주차장, 댐, 저수지와 대륙붕 등 태양광과 풍력 발전을 할 곳이 우리 국토에 널려 있어요.

김보람   IMF 때처럼, 전시 상황 때처럼 시민사회와 국가와 기업, 특히 기업들이 총동원해 이걸 함께해야 할 것 같은데요. 저는 일본과 소통을 많이 하는데, 일본에서는 대한민국이 최근 '그린뉴딜정책'을 대대적으로 내세워 시행한다면서 한국의 국가 주도 전환 정책에 관심을 많이 가지더라고요. 그런데 이런 국가 정책도 여러 가지 모순이나 한계점 같은 게 있을 것 같은데, 어떻게 생각하시는지 궁금합니다.

조천호   우리나라는 2010년 첫 번째 온실가스 감축 목표를 수립한 이후 지금까지 감축 목표를 달성하지 못하고 있어요. 줄여야 한다는 소리만 요란할 뿐 중국 및 인도와 더불어 배출량을 증가시키는 대표적인 나라죠. 정권이 바뀔 때마다 감축 목표만 바꾸고 목표를 달성하기 위해 애쓰지 않았기 때문이에요. 한때는 '녹색성장'을 외치며 전 국토를 파괴했죠.

'그린뉴딜'은 탄소 배출 감축과 경제 문제 해결을 동시에 추구하면서 노동자와 서민을 위한 보건과 교육, 돌봄 등을 해결하기 위한 국가 프로젝트죠. 문제는 실제 그린뉴딜정책이 정의로운 정책을 피한 채 고용에 방점을 찍었다는 것이죠. 그러면 녹색성장식 그린뉴딜이 될 거예요. 이제 세계적인 경제 전문 기관들은 석탄산업이 좌초 산업이 될 것이라고 전망해요. 그런데도 우리나라는 2022년에 새 석탄발전소를 운영하기 시작했고 앞으로 석탄발전소를 여섯 개 짓겠다고 해요. 비행장도 새로 만들겠다고 하고요. 항공은 온실가스를 많이 배출하는 산업이에요. 우리나라엔 엄청난 세금을 들여 지었지만 텅 빈 상태로 운영하는 비행장이 여러 개 있어요. 다 국익을 위한 사업이라고 하는데 도대체 그 국익이 누구의 이익인지 저는 궁금해요. 지금 대한민국은 기후위기보다 위기를 인식하지 못하는 정치가 더 큰 위기라고 생각해요.

함돈균 저도 동감합니다. 예전의 정당과 다른 정당의 정부가 들어서면 거기에 대해 표면적으로 대립된 의견을 낼 것 같아 기대를 하는데 실질적으로 보면 이데올로기는 상당히 비슷하다는 생각이 들거든요. 일단 그린뉴딜이라는 말 자체가 허구적이잖아요. 말씀하셨던 것처럼 이 문제를 정말 진지하게 따져보면, 동일한 성장률을 고수하면서 그걸 기술적 전환을 통해 해결하겠다고 하는 것 자체가 엄청난 모순인 거죠. 말과 생각이 일치하지 않는 게 너무 드러나는 거예요.

또 문제를 문제로 인식하지 못하는 것은 정치의 문제이기도 하지만, 제가 볼 때 한국 사람들도 참 특이한 것 같아요. 케이방역이나 케이팝 같은 수많은 이야기를 또 다른 민족주의와 비슷하게 논하고, 국제사회에서 기후깡패나 환경깡패라는 말을 듣고 있음에도 불구하고 그런 부분에 대한 책임의식은 일반 사람들 역시 거의 없다고 볼 수 있죠. 교육 또한 그런 상황에 대해 인식시킬 생각조차 하지 않는 것 같아요. 이런 걸 보면서 어떤 방식으로 전환이 가능할까 하는 생각이 듭니다. 단순한 산업정책의 개입을 통해 가능한 문제가 아닌 것 같아요.

깨어 있는 시민의식의 단결

조천호   우리가 기후위기에 제대로 대응하지 못하는 것은 권력 주체들이 쳐놓은 불평등한 지배 구조에서 이해관계의 충돌과 조정을 하기 때문이에요. 기후위기에서 진짜 위험은 권력 주체들이 세상을 바꾸고자 하는 의지가 없다는 데 있어요. 깨어 있는 시민들이 연대하여 한목소리로 변화를 요구해야 합니다. 시민들은 투표권, 사상과 표현의 자유 등 형식적인 정치 참여의 권리를 가지고 있죠. 그러나 참여하지 않는 민주주의에서 시민은 자기결정 능력을 상실하고 주어진 정치 체제의 힘에 짓눌리게 되죠. 결국 기후위기 대응은 소수 권력층의 결정에 따르게 돼요. 이제 깨어 있고 조직화한 시민들의 목소리와 힘이 그 어느 때보다 중요합니다. 정치는 개인이 윤리적 자제력을 행할 것인지 말 것인지를 집단으로 결정할 수 있는 영역이죠. 화석연료를 사용하지 않는 것은 규제 문제이고, 학교 급식을 위한 그 지역 제철 식자재 공급은 정책 선택이며, 재생에너지 확대는 핵발전 업계의 로비를 극복하는 것이기 때문이에요. 정치는 윤리 증폭기 역할을 통해 개인이 할 수 없는 멋진 결과를 만들어낼 수 있어요. 병든 세상을 인식하더라도 함께 연대하지 않는다면 망해가는 세상을 구할 수 없습니다.

울리히 벡은 근대사회 변화 동력이 "나는 배고프다!"라는 사회적 불평등이라면, 현대사회에서는 "나는 두렵다!"라는 전 지구적 불안이라고 했어요. 불안은 이념 차이나 경제 이익을 넘어 사회 변화의 동력이 될 수 있다는 거죠. 위험에서 도리어 새로운 길을 찾는 '해방적 파국'이 일어날 여건이 마련된다는 거예요. 우리가 기후위기를 제대로 인식하게 되면 가려져 있던 진실이 드러나고, 성찰을 통해 낡은 세상을 탈바꿈시킬 수 있어요. 최악의 전망에서 최선의 길을 찾게 되는 겁니다.

함돈균 가치 지향적인 사람들은 코로나가 꼭 나쁜 것만은 아니라고 생각하잖아요. 개인적으로는 옛날엔 잘 생각하지 못했던 죽음의 문제 같은 것을 생각하게 돼요. 나이가 40대를 넘어가

다 보니 30대에는 한 번도 하지 않았던 생각들을 하게 되더라고요. 그런데 한 개인으로서 생명이 죽게 되는 시간을 생각해 보면, 한 인간에게는 다행스러운 일이라는 생각이 들기도 합니다. 죽음에서 어떤 움직임이 마무리되는 느낌도 있고, 절대적으로 피할 수 없는 게 없다면 인간이란 게 도대체 어떤 모습을 하고 있을까 하는 생각을 하게 되는데요. 오늘 우리가 나누고 있는 기후위기라든가 코로나 같은 일들이 피할 수 없는 문명의 죽음 같은 것을 전면적으로 생각해 보게 하는 거의 최초의 사건이자 마지막 사건이 아닐까요?

조천호 　저도 그렇게 봐요. 우리가 기후위기를 극복해 내지 못하고 좋은 세상을 만들어내지 못하면 끝인 거죠. 안 좋은 세상에서 인류가 이 지구에 존재해야 할 이유도 없고요. 위기는 사람들을 각자도생하게도 만들지만, 꼭 그것만은 아니라고 봅니다. 코로나나 기후위기는 우리 삶이 드넓은 그물망으로 이루어졌다는 사실을 일깨웠잖아요. 그래서 위기는 사람들이 서로 돕고 보살피고 이타적으로 행동하는 게 중요하다는 걸 깨닫게 하죠.

함돈균 　선생님께서는 굉장히 능동적으로 윤리적 문제를 제기하고 가치 지향적인 부분에 있어서 우리가 삶을 변화시킬 수 있는 가능성에 관해 실천적으로 질문하고 계시잖아요. 그런데 한편으로는 지구 문명의 현 상황을 돌이킬 수 없는 숙명으로 보고 개인의 정신세계로 침잠하는 라이프스타일도 전 세계적으로 하나의 흐름을 형성해 가고 있습니다. 명상적인 것들의 유행도 그렇고요. 선생님께 여쭤볼 말씀인지는 모르겠지만 이런 흐름에 대해서는 문명세계를 사는 한 개인으로서 어떻게 생각하시는지요?

조천호　기후위기로 인해 불확실한 세계에 들어서고 있어요. 이를 버텨내지 못하면, 불확실성을 줄이려고 자기만 살겠다는 이기심이 더 커질 수도 있겠죠. 확실성이 아니라 삶과 공동체의 '본질'을 추구해야 한다고 생각합니다. 불확실성 그 자체가 위기를 의미하지 않아요. 누군가는 움츠러들 것이지만 누군가는 새 세상을 만들기 위해 분투할 거예요. 저는 살아야 할 의무를 감당하는 데에 삶의 의미가 있다고 생각해요. 우리나라 역사에서 제게 가장 인상적인 인물이 계백장군이에요. 계백장군은 자신의 나라가 망할 거라는 걸 알았죠. 그러나 황산벌에서 계백장군의 군대는 그들이 할 수 있는 의무를 다했잖아요. 저는 백제의 금관과 향로도 아름답지만 망할 것을 뻔히 알면서도 죽음으로 지켜야 할 그 무엇이 있었던 백제가 더욱더 아름다워요. 기후위기로 인한 전환 시대에 확신과 숙명이 아니라 옳다는 신념을 지키고 나아가는 것이 중요하다고 봅니다.

김보람　앞서 현재를 어둡게 진단하시면서도 그럼에도 불구하고 우리가 한 걸음 나아가야 한다는 메시지를 주신 데 대해 정말 감사합니다. 특히 협동이나 나눔이나 연대나 개개인의 행동

149

과 의식의 변화도 중요하지만 그런 것들이 정치로 드러나야 한다는 말씀에 공감을 많이 했습니다. 앞으로의 기후위기 등에 또 중요한 변수가 되는 것이 강력한 글로벌 영향력을 지닌 미국의 정치라고 말씀하신 적이 있으세요.

조천호 국제사회는 모든 나라가 동일한 힘을 가진 게 아니잖아요. 미국이 국제 문제를 해결하는 데 있어 리더십을 가지고 있는데 트럼프 정부처럼 자기 나라 이익에만 매몰되면 인류에겐 재앙이 될 거예요. 하나의 나라에 인류 미래의 지속가능성이 달려 있다는 건 너무 위험해요. 다국의 합의 체계로 전환하는 것이 필요한 시점입니다.

이번 세기말까지 기온 상승 2도를 막기 위해 전 세계 대부분의 나라가 파리기후변화협약에 가입했어요. 이에 따라 각 나라는 온실가스 배출에 대한 책임과 역량을 고려해 온실가스 배출을 줄이는 '국가 온실가스 감축 목표'Nationally Determined Contribution, NDC를 국제적으로 약속했죠. 그런데 이를 완벽히 지킨다고 해도 2.5-3도 지구가열이 일어날 것으로 전망하고 있어요. 파국이 일어나는 기온 상승이에요. 국제적인 NDC 상향 조정이 불가피한 상황이죠. 바이든 정부는 트럼프 정부 때 탈퇴했던 파리기후변화협약에 바로 복귀하고 기후위기 대응에서 리더십을 적극 발휘하겠다고 했어요. 이러한 상황에서 우리나라는 지금보다 더 많이 온실가스를 줄이라는 국제적 압박을 받게 될 거예요. 우리나라는 기후위기 대응을 제대로 하지 않아 큰 어려움을 겪게 될 거예요. 한편 국제적인 기후위

기 대응에 실패한다면 기후위기에 빠지게 되겠죠. 우리나라
는 이래도 힘들고 저래도 힘든 처지에 있어요.

김보람 저도 늘 대량 생산, 대량 소비, 대량 폐기에 대한 문제의식을
느끼고 있습니다. 가치의 전환과 문명의 대전환이 같이 이루
어지지 않으면 안 되고 지금까지의 위기와는 달리 전제 자체
가 달라져야 한다고 생각합니다. 그런데 기후위기는 불평등
과 깊은 관련이 있잖아요. 세대 간 불평등이기도 하지만 지
역 간 불평등도 굉장히 크고요. 앞서 난민문제를 말씀하셨는
데 온실가스 배출의 당사자가 아닌 지역이나 사람들이 피해
를 많이 보고 있어요. 어쨌든 국제 협약과 온실가스 배출 제
한 등이 생기면서 그동안 성장과 개발에서 소외되었던 개발
도상국들은 당장 성장 단계에서 멈춰야 하는 상황이라 이에
대한 불평등이 생기는 것도 당연하죠. 거기에 대한 반발도 있
을 텐데 그런 부분에 대해서는 어떻게 생각하시는지요?

조천호 기후위기는 우리를 더욱더 나누고 차별을 심화시켜요. 기후
위기는 연령, 성별, 계층, 종족, 장애 등에 따라 다르게 영향을
주기 때문이에요. 이는 자연피해뿐만이 아니라 그로 인해 영
향받는 사람이 누구인지를 살펴야 한다는 것을 의미하죠. 기
후위기로 타격을 입었을 때 소득과 자산의 손실 비율은 가난
한 사람이 부유한 사람보다 더 커요. 부유한 사람은 위험에서
피할 수단을 가지고 있지만, 가난한 사람은 위험을 피하지 못
하기 때문이죠. 경제 불평등에 의한 소득 부족과 정치 불평등

에 의한 권리 부재는 가난한 사람이 연안이나 하천의 저지대 또는 산비탈과 같은 자연재난이 발생하기 쉬운 곳에 살도록 내버려두죠. 피할 수 없기에 속수무책으로 당하고, 이 때문에 더 가난해지는 악순환이 일어나요.

연령과 성별도 기후위험의 취약성을 결정해요. 어린이와 노인은 혹독한 날씨에 더욱더 고통을 받아요. 가난한 나라 여성 대부분은 집 밖에서 연료와 물을 구해야 하므로 기후위험에 더 많이 노출되고 노동이 더 힘겹죠. 여성은 기후재난 발생 시 사망률이 남성보다 14배 높고, 기후 난민의 80퍼센트가 여성이에요. 기후위기 대책에서마저 가난한 나라 여성을 우선 고려하지 않아 그들이 겪을 재앙은 더 커질 수밖에 없어요.

그리고 기후위기는 우리 세대만의 문제가 아니에요. 온실가스 배출로 혜택을 누리고 있는 우리는 그 대가를 우리 자녀와 미래세대에 치르게 하려고 해요. 온실가스는 미세먼지나 감염병처럼 한때 출현했다가 원래 상태로 되돌아가는 것이 아니기 때문이에요. 대기 중에 배출된 온실가스는 종류에 따라 수십 년에서 수천 년 동안 공기 중에 남아 누적돼요. 온실가스 배출을 중단시키지 않는다면 시간이 지날수록 뜨거움이 누적되는 세상으로 진입하는 거죠. 미래세대가 살아갈 여건은 전적으로 우리 기성세대에게 달렸어요. 인류는 더 많이 생산하는 데는 천재적 재능을 보여왔으나, 더 많이 나누는 데는 무능의 극치를 드러내고 있어요. 우리 모두를 위한 지구에서 불평등은 소수의 단기적 이익을 위해 우리 모두의 장기적 이익을 파괴하고 있어요. 기후위기는 서로 돌보지 않고 아끼지 않고 나누지 않아 일어나는 거예요. 결국 기후위기 대응은 부유한 나라와 사람이 가난한 나라와 사람을 지원해야 합니다. 이는 위계적 원조가 아니라 피해를 끼쳤으니 이에 대한 배상 차원에서 부유한 나라와 사람들이 마땅히 기후위기에 책임을 져야 하는 거예요. 부자의 식탁에서 떨어지는 빵부스러기를 줍게 하는 것이 아니라, 모두가 식탁에 앉아서 빵을 나누는 세상을 만들어야죠. 나의 안전은 타인의 안전을 통해서만 보장됩니다.

함돈균 한국에서는 북한과 협상을 하는 데는 트럼프가 훨씬 낫다는 관점으로 미국 정치를 바라보기도 합니다. 자국의 이익을 중심에 두고 호모사피엔스가 추구해 왔던 보편성의 방향을 지금 이 시점에 인위적이고 편의적 관점을 통해 이야기하는 시선들이죠. 똑똑하고 진보적이라고 하는 사람들이 오히려 그런 이야기를 하는 걸 보면서 인간중심주의가 가진 인위성과 편파성에 놀라기도 합니다.

조천호 그래서 과학적 태도가 중요하다고 여겨요. 과학은 물질세계를 이해하는 방법이지 절대진리가 아니에요. 과학은 물질적 증거, 그에 대한 합리적 해석, 그리고 반증과 검증을 거쳐야 해요. 반증과 검증을 한다는 건 틀릴 수 있다는 걸 의미하잖아요. 내가 틀릴 수 있다는 바로 그 지점에서 새로운 질문을 할 수 있고, 거기에서 새 세상을 열 수 있어요.

기후변화 부정론자들은 과학 자체를 공격함으로써 기후변화 문제를 이해하고 대응하는 데 혼란을 일으키고 있어요. 결국 민주국가가 과학 결과를 공공정책에 반영할 때 사실에 기반을 둔 합의를 위태롭게 하죠. 누구나 자신의 관점을 주장할 권리가 있지만, 증거에 기초한 우월적 사실에 대해서는 그런 권리를 내세울 수 없어요. 기후변화 부정론자들의 공격은 과학 증거에 의해 다 박살났어요. 기후변화가 절대적으로 확실하므로 대응해야 하는 것이 아니에요. 기후변화도 다른 과학과 마찬가지로 현재까지 과학 반증에서 살아남은 역동적 진실이기에 우리가 받아들이고 이에 대응해야 해요.

우리가 진실을 온전히 알 수는 없다고 해도 진실을 열심히 찾을 수는 있죠. 그러므로 우리의 최선은 과학으로 진실에 가까운 지식을 쌓아가는 것입니다. 여기에 희망이 있다고 저는 믿어요. 우리가 진실에 더 가까이 접근한다면 자연스럽게 무엇을 해야만 하는지 알게 될 것이라 여기기 때문이에요.

김보람   지구는 뜨거워지면 안 되지만 선생님 말씀을 들으면서 제 가슴은 점점 뜨거워졌습니다. 앞서 완벽한 사회 또 생존에 대해 말씀하셨는데, 저도 완벽한 사회가 지속가능한 사회라고 생각하진 않아요. 완벽한 사회는 변화할 필요가 없는 사회니까요. 지속가능한 사회를 위해 끊임없이 시도하고 도전하고 검증과 반증을 반복하면서 실천하는 주체가 늘어날 때 지속가능하게 된다고 생각합니다. 그래서 오늘 말씀 들으면서 다시 그런 의지와 각오를 다진 정말 뜻깊은 시간이었습니다. 마지막으로 저희와 전 세계 인류에게 남겨주실 메시지가 있으실까요?

조천호 인간에게 기후위기보다 더 제한을 가하는 지배적 조건은 없어요. 이것이 모든 것을 바꾸어놓을 거예요. 이제 미래 기후는 자연이 결정할 수 없습니다. 인간이 어떤 세상을 만드냐에 따라서 미래 기후가 결정되고, 그 기후에 의해 바로 인류의 지속가능성이 다시 결정될 것입니다. 기후위기는 우리가 만든 세상에서 일어난 일이므로 우리가 이 세상을 바꾸면 됩니다. 아직 세상을 바꿀 수 있는 능력과 시간은 있어요. 우리에게 부족한 것은 이 세상을 바꾸고자 하는 의지뿐이에요. 그 도전은 우리가 현재 가진 능력을 넘어서는 것처럼 보일 수도 있어요. 하지만 이는 우리 능력을 한 단계 더 끌어올려보라는 시대적 요청일 뿐이죠. 우리가 한계에 맞닥뜨릴 때 더 창조적이고, 더 과감하고, 더 멋진 세계가 열릴 수 있어요. 돈이 종이 쪼가리가 아니라 교환수단이라고 다 함께 믿는 순간 가치가 되고, 법전이 단어 쪼가리가 아니라 그 안의 글을 우리가 지켜야 한다고 다 함께 믿는 순간 우리 삶을 지배하잖아요. 이렇게 함께 믿는 순간 새 세상이 만들어져요.

2018년 가을 툰베리Greta Thunberg가 스웨덴 국회의사당 앞에서 피켓을 들고 혼자 시위했죠. 툰베리는 자신이 어른이 되면 기후위기로 이 세상이 너무나 위험해져서 훌륭한 사람이 된다 해도 이 문제를 해결할 수 없으니 지금 여기 의사당 안에 있는 의원들이 기후위기에 대응하는 법을 만들어달라고 했어

155

요. 그에 대한 울림으로 2019년 봄 전 세계 청소년 기후위기 비상행동 때 150만 명이 모였고요. 그해 가을 기후위기 비상 행동 때 우리나라 대학로에 약 5000명, 전 세계 약 700만 명 이 모였습니다. 한 소녀가 어마어마한 이야기를 한 것도 아 니잖아요. 함께 공감하니 엄청난 상황을 만들어낸 거죠. 저는 그런 것이 여러 개 더 일어난다면 이 세상을 바꾸고 기후위기 를 해결할 수 있다고 여깁니다.

함돈균 툰베리의 이야기를 들으면 미래 의제는 결국 미래에서 온 젊 은 친구들이 해결할 수밖에 없는 게 아닌가. 아니, 해결할 수 밖에 없다기보다는 그들의 DNA가 보다 진화한 것 같고, 그래 서 해결책도 그들이 제시할 수 있지 않을까 생각합니다.

조천호 기후위기는 문명 자체의 위기이므로 해오던 방식대로 하면 지속할 수 있는 미래로 갈 수 없어요. 화석연료 기반의 지금 까지 문명에서 벗어나는 담대한 전환이 필요한 시점이지요. 그런데 기성세대는 현재의 이해관계에 묶여 새 세상으로 향 하는 데 제한받을 수밖에 없어요. 젊은 세대는 미래 위험한 세상에서 살 수 없으니 미래를 결정할 현재를 바꿔달라고 강 력하게 요구할 수 있죠. 기존에 매이지 않는 젊은 세대의 역 동성이 그 어느 때보다 중요한 시점이라고 생각합니다.

현경

유니언신학교 교수

코로나 여신과 살림의 영성

: 네 안에 있는 '그것'을 꺼내라!

이원론에서 상호연계성으로

함돈균　오늘 이 대화가 이뤄진 날은 '지구의 날'이라고 불리는 날입니다. 문명에 대해 지구가 굉장히 중요한 메시지를 발신하고 있는 시기라는 점에서 각별한 생각이 듭니다. 코로나 팬데믹이라는 상황도 그런 거죠. 그래서 이 상황을 단지 문명의 위기라는 차원에 그치지 않고 좀 더 근원적 영성적 관점에서 귀한 말씀을 나눌 대화자로 뉴욕 유니언신학교 교수이신 현경 선생님을 모셨습니다. 유니언신학교는 진보적 기독교 신학의 성지로 알고 있습니다. 현경 선생님은 신학자시면서 평화운동가, 영성가로 불리시고요.

현경　만나서 굉장히 반갑습니다. 제 인생을 바꾼 학교는 미국 보스턴에 있는 여성신학센터Women's Theological Center였습니다. 그때 신학이 이래서 되겠느냐 하는 이야기가 많았습니다. 그래서 여성 교수님과 여성 목사님, 여성 학생만 모여서 페미니즘이 뭔지 우리 목소리로 발견해 보자, 그리고 그 페미니스트 원칙에 근거한 학교란 어떤 것인지 생각해 보고 만들어보자고 해서 프로젝트를 시작했어요. 제가 거기 1회 졸업생입니다. 그리고 그 1년이 제 인생을 완전히 바꾸었죠.

저는 모든 수업과 강연을 명상으로 시작합니다. 그 이유는 우리가 누구의 말을 들을 때 또 서로 만날 때 존재와 존재로 만나는 연습을 해야 한다고 믿기 때문입니다. 특히 배움의 장소에선 더 그런 것 같아요. 제가 미국에서 가르치는 유니언신학교에서도 명상을 하고 수업을 하는데 학생들의 질문이나 공부하는 에너지가 많이 달라져요. 그래서 오늘도 짧은 명상으로 시작하려고 합니다. 흔히 명상을 굉장히 거창하게 생각하는데 아주 단순해요. 세 가지만 하면 명상이 됩니다.

첫째, 멈춤입니다. 모든 걸 멈추는 거예요. 내 끊임없는 생각, 내 끊임없는 감정을 멈추어야 합니다. 둘째, 깊이 숨쉬기입니다. 정말 깊이 자기 숨을 들이쉬고 내쉬어보는 겁니다. 셋째, 깊이 자기를 바라보기입니다. 이 세 가지만 명심하면 우리는 어떤 상황에서도 명상에 들 수 있습니다.

자, 그러면 우리도 이 대화를 명상과 함께 시작해 보겠습니다. 제가 항상 휴대용 명상볼을 가지고 다니는데, 이걸 세 번 치면 여러분은 멈추시고 숨쉬고 자기를 바라보시면 됩니다. 여러분 모두가 행복하시기를, 여러분 모두가 평화로우시기를, 여러분 모두가 건강하시기를, 여러분 모두가 고통으로부터 해방되시기를 기원합니다(명상볼을 세 번 울린다).

함돈균 어디 시원한 산에 갔다 온 느낌이 드네요. 선생님을 간단히 소개해 드렸는데, 선생님의 이력 자체가 오늘 저희가 얘기하려는 문명의 변화 상황에 관한 것과도 관련이 있는 것 같아서 그 이야기로 시작해 볼까 합니다. 선생님은 한국에서 이화여대 기독교학과 교수로 몇 년 재직하시다가 미국으로 가서 현재 뉴욕에 있는 유니언신학교의 교수가 되셨는데요. 아시아계 최초의 여성 종신교수라고 많이 소개되었더라고요. 그것의 함의를 어떻게 이해하면 될까요?

현경 신학이 백인남성 기득권층 담론이었잖아요. 그래서 신학을 공부하려면 유럽이나 미국에 가서 공부해야 했고 그들의 담론을 배워야 했죠. 그런데 유니언신학교 대학원에서 160여 년 만에 드디어 아시아 이야기를 들어보고 싶다, 여성 이야기를 들어보고 싶다는 얘기가 나오기 시작한 거예요. 그건 굉장한 기운의 변화이자 지적 지도의 변화였어요.

그래서 저는 아시아의 해방신학과 민중신학 그리고 아시아 종교로 본 기독교, 아시아의 수많은 식민지 투쟁 과정과 민주화 과정에서 자라난 신학과 서구의 신학이 어떤 관계가 있는가 하는 문제에 관해 이야기했습니다. 일종의 다리를 놓는 것 같았는데, 그래서 제가 도리어 아시아의 선교사로 미국에 간 것 같은 기분이 들기도 했어요. 신학도 인문학이기 때문에 인문학의 자장 안에서 보면 뉴욕의 유니언신학교는 진보적인 신학대학의 가장 높은 수준의 학교라고 할 수 있습니다. 사실은 남자들도 쉽게 교수가 되는 곳이 아니에요.

함돈균 제가 오늘 열 개의 질문을 준비했는데요. 첫 번째 질문으로 들어갈까요?

현경 제가 에코페미니즘에 대해 조금 이야기하고 그다음에 들어가면 훨씬 좋을 것 같아요. 저는 코로나 이후 세상이 굉장히 바뀌리라 생각해요. 저는 제 자신을 에코페미니스트라고 하는데, 사람들이 물어봐요. 도대체 에코페미니즘이란 게 뭐냐고. 아주 간단하게 이야기하면 환경운동과 페미니즘 운동이 만나 만들어진 것이 에코페미니즘입니다. 이런 만남이 가능한 이유는 여성 해방과 자연 해방이 그 메타포나 싸우는 방식, 꿈꾸는 세상이 너무나 비슷하기 때문이죠.

세계는, 우리가 알고 있는 가부장적인 5천 년의 역사는 이원론에 근거한 세계예요. 물질과 영혼이 분리되고 남성과 여성이 다르고 신과 인간이 다르고. 아리스토텔레스 논리학에 의하면 'A면 notA가 아니다', 이게 우리가 배워온 소위 아카데미아에서의 논리였어요. 그런데 동양은 참 다른 논리를 갖고 있죠. 음 안에 이미 양이 들어 있고 양 안에 이미 음이 들어 있다고 봅니다.

페미니스트들에겐 우리가 봐왔던 세상이 너무나 이원론적일 뿐만 아니라 굉장히 계층화된 이원론, 말하자면 피라미드예요. 피라미드 세계에 우리가 살고 있었던 거예요. 특히 아카데미아가 그렇게 되어 있죠. 우리의 지식이 그리스 로마로부터 온 철학에 많이 근거하고 있지 않습니까? 거길 보면 어떤가요? 제일 꼭대기에 신이 있죠? 히랍의 자유인 남자가 있죠? 자유인 여자가 있고, 자유인 어린아이들이 있고, 노예 남

161

자가 있고, 노예 여자가 있고, 노예 아이들이 있고, 그 밑에 동물이 있고, 식물이 있고, 광물이 있고. 이게 아리스토텔레스가 본 존재의 사다리예요.

우리가 세상을 구조화하는 방식이 이렇게 이어져왔어요. 제일 높은 사람은 피라미드의 맨 위, 제일 낮은 사람은 맨 밑에 있는 거죠. 그 피라미드의 제일 밑바닥에 있었던 게 지구예요. 우리는 이 세상을 다시 보고 싶다는 거죠. 세상은 그렇게 이원론에 근거해 있지 않고 모든 것은 서로 인드라의 망처럼 연결되어 있다는 겁니다. 이원론에서 상호연계성으로 넘어가야 한다는 거죠. 우리 삶의 메타포 역시 피라미드가 아닌 동그란 공 같은, 지구 같은 원 생명이라는 핵심에서 출발해서 인간, 동물, 식물 등 우리 모두가 같은 반지름을 갖고 있다는 그런 세계관을 갖고 산다면 세상은 어떻게 될까 하는 것이죠.

사실 이게 페미니즘의 비전이기도 해요. 이원론적 세계, 지배와 종속의 세계에서 벗어나 우리 모두가 자기답게(사람은 사람답게 동물은 동물답게 식물은 식물답게) 자기 존재의 총체를 망가뜨리지 않고 공생하고 상생하는 그런 세계로 어떻게 갈 수 있을까 하는 것. 페미니스트들에게 모든 억압의 기원은 남성에 의한 여성 억압입니다. 그리고 적어도 서구의 메타포에 의하면 남성은 항상 이성理性과 연결시켰고 여성은 자연과 연결시켰어요. 김순영이라고 유엔에서 열심히 일하는 한국 인류학자 여성이 있어요. 그분이 아주 재밌는 말씀을 하셨어요. 우리가 지구를 mother earth, 어머니 지구라고 부르지 않고 father earth, 아버지 지구라고 불렀다면 이렇게까지 지구가 망가지진 않았을 거라고요. 왜냐하면 우리 안에는 엄마는 다 봐줄 것이다, 아빠는 무섭지만 엄마는 우리를 용서할 것이다, 이런 게 있다는 거죠. 가부장적 사회에서 소위 말하는 지성적인 남성이 감성적인 여성, 몸적인 여성을 지배해 왔던 똑같은 구조로 자연이 지배받아 왔다는 거예요. 그래서 환경운동가들은 여성운동가들과 연대해서 자연과 여성이 같이 해방되는 세상을 만들겠다고 하는데, 그것이 말하자면 에코페미니즘의 핵이에요.

에코페미니즘을 크게 두 파로 나누면 역사적이고 정치적인 에코페미니즘이 있고 굉장히 신화적이고 영적이며 예술적인 에코페미니즘이 있어요. 둘 사이에 토론도 많았지만 결론은 역사와 신화는 만나야 된다는 것이었죠. 절대 분리될 수 없고 우리의 어떤 물적인 구조의 변화와 영성적인 변화는 같이 가야 한다는 거죠. 그래야 완전한 해방이 있을 수 있지 안 그러면 우리는 항상 해방될 수 없는 그런 해방의 반복 속에 놓이게 된다는 거예요. 저는 개인적으로 21세기를 이끌어갈 가장 급진적인 철학이 에코페미니즘이라고 생각해요. 그래서 한국적 에코페미니즘을 만드는 데 제 삶을 바치고 싶고요.

저는 그 이름을 '살림이스트'라고 지었어요. 우리 한국에 '살림'이라는 말이 있잖아요. 보통 여성들이 살림하는 것만 얘기하는데 그 '살림'의 어원이 '살리다'예요. 그런데 우리는 지금 죽임의 문화에서 살고 있거든요. 그래서 한국의 에코페미니스트, 제가 말하는 살림이스트는 그녀가, 그이가 만지면 그게 무엇이든 모든 게 살아나는, 정치를 만지면 정치가 살아나고

163

경제를 만지면 경제가 살아나고 강을 만지면 강이 깨끗해지는 그런 역할을 하는 사람들이에요. 살림이스트는 꼭 여성들만이 아니라 남녀노소 누구나 할 수 있는 그런 역할이라고 생각합니다. 저는 살림이스트라는 이름이 고유명사가 돼서 세계의 사전에 등재되기를 바라고 꼭 그렇게 되리라 믿는 사람입니다.

'죽임'의 문화에서 '살림'의 문화로

함돈균   제가 앞으로 드릴 질문에 대한 대답이 이미 시사되어 있는 말씀 같아서 좋습니다. 요즘 선생님께서 많은 시간을 쏟아 몰두하고 계신 일이 무엇인지 듣고 싶습니다.

현경   저는 이 코로나의 메시지에 대해서 정말 깊이 명상하게 돼요. 이런 일 없었잖아요. 이 코로나를 겪으면서 두 가지 신화가 떠올랐어요. 하나는 힌두교의 신화고 또 하나는 아메리카 원주민의 신화예요. 힌두교의 신화는 이 우주를 창조하신 두르가 여신의 신화인데, 두르가가 세상을 만들어놓고 보니까 맨날 싸움박질을 하는 거예요. 그래서 유능한 전사들을 보내며 이 세상에 평화를 만들어보라고 했어요. 그런데 아무리 훌륭한 장수가 가서 평화를 만들려고 해도 평화가 안 만들어지는 거죠. 어머니(두르가)는 너무 화가 났고, 그래서 결국엔 어머니가 직접 나서서 악의 세력을 물리치고 세계의 평화를 이룩

해요. 그러고 나서 어머니의 세계로 돌아가려고 하니 이제 지상에 있는 모든 이들이 '여신이시여 돌아가지 마시고 우리의 지도자가 되어주소서' 하고 애걸하는 거죠. 그러나 두르가 여신은 이제 너희의 문제는 너희가 해결하라고 하고 자기의 영역으로 돌아가요. 저는 이 이야기를 떠올리면서 마치 코로나가 우리에게 두르가 여신처럼 찾아온 것은 아닌지 하는 생각을 했어요.

또 하나, 아메리카 원주민 이야기 중에 이런 게 있어요. 열 명의 아이가 있는 어머니가 있었어요. 너무너무 아이들을 사랑하는. 그러니까 아이들이 와서 어머니에게 이게 필요요, 저게 필요요, 하며 요구가 많았죠. 그러면 어머니가 아이들이 필요로 하는 걸 다 주는 거죠. 어머니, 우리가 땅이 필요해요, 그러면 과수원도 떼어주고. 어머니, 우리가 집이 필요해요, 하니까 집도 내주고. 어머니, 우리가 돈이 필요해요, 하면 돈도 내주고 그런 거죠. 그런데 이 자식들의 요구 수위가 점점 높아지더니 어느 날엔 어머니, 우리는 어머니 다리가 필요해요, 이렇게 나오는 거예요. 어머니는 자신의 다리도 떼어줬어요. 아이들을 위해서. 그런데 그다음에 이 아이들이 와서는 어머니, 우리는 어머니 팔이 필요해요, 이러는 거죠. 어머니는 팔을 떼어줍니다. 그러니까 어머니는 이제 머리하고 몸통밖에 없잖아요. 그런데 자식들이 나중에 또 와서는 어머니, 우리는 어머니 머리가 필요해요, 이러는 거예요. 어머니가 목이 잘리면 어떻게 될까요? 그 순간 어머니가 그 열 명의 아이들을 다 잡아먹어버려요.

165

아주 예전에 들은 이야기인데 요새 그 이야기가 생각이 나요. 왜 그런가 하면 지구는 우리에게 벌써 많은 사인을 준 것 같거든요. 오존층이 뚫리고, 이상기후가 발생하고, 바이러스가 창궐하고. 그럼에도 우리는 끊임없이 생산하고 끊임없이 소비하고 결코 멈추지 않았죠. 그레타 툰베리 같은 어린아이가 유엔에 와서 당신들은 거짓말쟁이라고 하면서 어른들을 향해 이렇게 말했잖아요. "Do something!" 그런데 우리 눈에도 보이지 않는 이렇게 조그만 코로나바이러스가 와서 정치가들도 못하고 그 수많은 과학자들이 아무리 말해도 현실화시키지 못한 것을 완전히 현실화시켰잖아요. 그래서 저는 아, 코로나는 아마 여신의 회생인가보다, 두르가 여신이 다시 돌아오시나보다, 하는 생각을 했어요.

가부장제 이전 우리의 어머니 중심의 모성 문화로 돌아가는 것이 우리 모두가 잘 사는 길이 아닐까 생각해요. 어떻게 하면 그 고대의 여신 문명, 어머니 중심 문화의 가치를 지금의 정치·경제·문화·예술 그 모든 것에서 부활시킬 수 있을까 하는 생각을 하면서 그 일을 위해 나는 어떤 책을 쓰고 어떤 역할을 할 수 있을까, 그리고 책이 가장 좋은 매체일까 아니면 방송을 해야 하나 등등 여러 생각을 하고 있습니다. 무엇이 이걸 가능하게 할까 하는 것이 제 화두예요.

함돈균   그런데 선생님들마다 초점을 어디에 맞추느냐에 따라 지금의 팬데믹 사태를 이야기하는 강조점이 달라지는 것 같아요. 이 사태가 가지는 함의에 대해 선생님의 핵심 관점은 무엇이고, 이후 예측되는 세계의 모습에 대해 어떤 견해를 갖고 계신지 궁금합니다.

현경 저는 크게 말하자면 죽임의 문화에서 살림의 문화로 옮겨가야 한다고 생각해요. 우리의 양식은 소유의 양식에서 존재의 양식으로 옮겨가야 하고요. 뿌리 깊은 이원론인 '너와 내가 다르다'에서 '너와 나는 하나다, 네가 나고 내가 너다'라는 식의 세계관으로 변화하면서 그 세계관에 맞춘 정치·경제·문화의 그 모든 학문과 그 모든 시스템이 일어나야 하지 않을까 생각합니다.

이를 준비하는 전환 커뮤니티가 전 세계에서 일어나고 있어요. 제가 정한 멘토 중에 마거릿 휘티어Margaret Whittier라는 분이 있는데, 이분은 시스템 코치예요. 이분이 하셨던 일은 회사나 학교 등에 가서 어떻게 하면 가장 민주적인 운영 방법과 문화를 만들면서 능률도 올리고 생산력도 올라가는 시스템을 만들 수 있을까 하는 것에 대한 코칭이었어요. 그렇게 30년을 다니면서 평등하고 공감하고 존중하는 환경을 만들수록 생산력도 올라가고 좋은 회사가 된다고 가르쳤대요. 그런데 많은 CEO가 그 모든 결과를 보고도 그렇게 안 한대요. 그 이유는 어떤 면에서 힘에 대한 중독 때문이에요. 권력이 너무 좋은 거죠. 조금 생산력이 떨어지더라도 내가 군림할 수 있는 시스템이 좋다는 거죠. 이분이 이제 더 이상 시스템 체인지 티칭을 하지 않는다고 하면서 우리가 있는 모든 곳에서 온전성의 섬을 구축하라고 하셨어요. 그리고 그 온전성의 섬들을

167

연결하라는 거죠. '미래의 내가 이렇게 살겠다'가 아니라 '지금 나는 여기서 내가 가진 비전을, 그게 섬처럼 작은 것이라도 그걸 지금부터 시작해서 살겠다'라는 마음을 먹고 그런 커뮤니티를 만들고 그런 친구들과 동료들을 만나 그런 삶을 살라는 거죠.

수많은 전환 커뮤니티가 전 세계에서 이미 일어나고 있는데 그들이 해온 실험에 귀를 기울여야 할 것 같아요. 방역을 잘한다고 넘어갈 사태가 아니라 이러한 팬데믹이 이제는 어쩌면 우리의 라이프스타일이 될지도 모르겠어요. 파시스트적인 중앙집권적 체제로 지배하고 컨트롤하는 쪽으로 가면서 자기 국익만 챙길 것인가 아니면 연대하면서 민주적으로 사람 각자의 개별성을 존중해 주는 그런 문화로 갈 것인가 하는 양 갈래 길에 지금 우리는 서 있습니다.

그런데 그걸 결정하는 게 누구냐, 저는 전 세계의 시민이라고 생각해요. 사실 저는 좋은 정치 지도자들이 나타나야 한다고 생각하지만 그들에게 근본적인 변화를 기대하진 않아요. 근본적인 변화는 시민의 힘으로 일어날 수 있다고 생각합니다. 아주 평범한 사람들이 깨어나고 일어나야 한다고 생각해요. 그래서 코로나 이후의 우리는 죽임의 문화냐 살림의 문화냐, 소유의 문화냐 존재의 문화냐, 나 혼자 각자도생의 약육강식 문화냐 연대와 연민과 공감의 문화냐, 하는 양 갈래 길에서 어떻게 갈 것인가 하는 문제에 관해 결정해야 할 것 같습니다.

함돈균   슬라보예 지젝이라는 철학자가 있지 않습니까? 그분도 코로나로 국경을 봉쇄하는 등 근시안적으로 사고하는 건 진정한 해결책이 될 수 없다고, 서로 협력하지 않으면 다 죽는다고 얘기하더라고요.

현경   네, 맞아요. 한배에 타고 있는 거죠. 그러니까 같이 노를 저어야 해요. 안 그러면 타이타닉호에서처럼 가난한 사람이 먼저 죽겠죠. 항상 사회적 약자가 먼저 죽었어요. 타이타닉호 안에서도 3등 칸에 있던 가난한 사람들이 먼저 죽어요. 그러나 시간 문제지 우리 모두 죽습니다. 그렇지만 위기라는 말이 정말 위기면서 또 기회잖아요? 그래서 어쩌면 지금은 우리가 집단적으로 깨어나는 시기가 될 수도 있는 것 같아요.

함돈균   제 생각엔 그러한 지점에서 각성과 전환이 일어나더라도 그것을 실제 삶의 제도 안에 전환시키기는 굉장히 힘든 것 같습니다. 이런 게 어떻게 가능할지 늘 고민을 안고 있거든요.

현경   이런 위기가 생기면 그 나라의 아니면 세계의 현자賢者가, 모든 분야의 그런 사람들이 머리를 맞대고 어떻게 우리가 상생할 수 있을지에 대해 방안을 만들어야 한다고 생각해요. 이게 불가능한 게 아니에요. 우리가 이런 위기를 만들어냈으면 그 안에 해결책도 있겠죠. 그런데 저는 아인슈타인이 얘기한, 문제를 만들어낸 그 사상 체계로는 해결책을 얻을 수 없다는 말에 굉장히 공감해요. 똑같은 걸 아무리 해도 그게 똑같은 거거든요. 그래서 우리에겐 구루가 필요하고 코치가 필요하고 현자가 필요하고 어른이 필요해요. 저는 그런 생각을 해요. 우리 사회의 어른은 누구실까? 류영모 선생님이나 함석헌 선생님이나 강원용 목사님이나 김수환 추기경이나 아, 저분들의 삶의 궤적을 보면 정말 어른이시다, 그런 느낌이 들잖아요. 우리가 그런 분들을 계속 발굴해야 할 것 같아요. 어떻게 보면 어른이 꼭 생물학적 나이는 아닌 듯하고요.

저는 그레타 툰베리가 어른이라고 생각해요. 유엔에 가서 "당신들은 우리의 미래를 도둑질하고 있습니다"라고 말할 수 있는 사람. 저는 전생을 믿어요. 그래서 그레타 툰베리 같은 아이는 어린아이라도 전생에 대단히 깨달은 스승일 수도 있다고 생각해요. 우리가 찾는 어른은 꼭 생물학적으로 나이가 많은 사람이 아니라 그런 영혼의 고도를 가진 사람이면 되는 거죠. 그러나 자기 분야에서 고도의 전문성을 가졌더라도 그가 좋은 사람이 아니면 공생과 상생의 결과를 만들어낼 수 없어요. 그러니까 전문성의 고도를 가졌으면서 또 인간성의 고도를 가진 분, 그런 분들을 모아서 원시시대 부족장들이 모닥불에 둘러앉아 마을의 미래와 가야 할 방향에 관해 이야기했듯 우리도 이 코로나바이러스라는 불을 가운데다가 놓고 모여서 어떻게 살아남을 것인가, 아니 살아남는 정도가 아니라 어떻게 해야 정말 아름답게 살아갈 수 있을까 하는 등의 문제에 대해 머리를 모아야 할 것 같아요.

함돈균 다시 에코페미니즘 이야기로 넘어가겠습니다. 에코페미니즘 이전에 페미니즘에 대해 잠깐 질문드리고 싶습니다. 이것이 우리가 기존에 살아왔던 삶의 방식이나 관점 같은 것을 상당히 전환시키는 도전적 운동이자 관점이지만 한편으론 그것이 넘어야 하는 한계지점 같은 것도 보게 됩니다. 그 넘어서야 할 지점들이 어떤 것이라고 생각하시는지, 또 어떤 방향으로 극복할 수 있다고 보시는지요?

현경 일단 페미니즘 안에 최대한 다양성을 받아들여야 해요. 그러니까 페미니즘은 한 개가 아니라 매우 다양한 거예요. 그래서 페미니스트는 그 다양성을 받아들일 수 있는 사람이어야 하고 그 페미니즘이 개입했을 때 가장 깊은 민주주의가 이루어진다고 생각해요.

저는 지금 한국 젊은 여성들의 분노를 충분히 이해하고 지지합니다. 분노는 건강함의 상징이라고 생각해요. 건강한 사람이 분노할 수 있고 자기를 지키기 위해 일어날 수 있거든요. 그래서 싸워야 한다고, 나를 지켜야 하고 내가 사랑하는 사람을 지켜야 하니까 싸워야 한다고 생각하죠.

그런데 어떤 일부의 페미니스트들이 배제와 혐오를 드러내는 걸 보았는데, 참 많이 안타까웠어요. 예를 들면 트랜스젠더는 우리 학교 오면 안 된다, 여자대학에 오면 안 된다 하는. 저는 이런 건 안 된다고 생각해요. 이슬람 남자들은 너무 위험하다, 그래서 우리는 이슬람 남자를 반대한다. 이런 얘기들. 아니면 장애인에 대한 문제도 그렇고요. 우리가 더 이상 젠더에 대해 얘기할 필요가 없는 데까지 가는 게 제가 생각하는 페미니즘이에요. 그러니까 내가 남자고 여자고 트랜스젠더고 호모고 게이고 레즈비언이고 바이섹슈얼이고, 이게 문제가 아니라 나는 누구인가가 중요한 거죠. 그리고 가장 자기답게 살게 해주는 그것, 그것을 할 수 있는 게 저는 페미니즘이라고 생각하거든요.

그래서 미국에서는 흑인 여자들이 '우리는 백인 여자들의 페미니즘을 못 믿겠다'고 하면서 우머니즘Womanism을 내세웠죠. 그리고 남미계 여자들이 '우리는 히스패닉 여성들의 경험에 의한 페미니즘을 하겠다'고 하면서 무헤리스타Mujerista가 나왔어요. 다 자기네들의 역사적 특수성과 환경에 근거한 자기들의 페미니즘을 만들어내는 거예요. 그러니까 우리 한국도 한국의 페미니즘을 만들어내야 한다고 생각해요. 그래서 제가 살림이스트라는 말을 하는 거고요.

제 동료 중에 가배울이라는 토종씨 보호단체를 운영하는 김정희 대표가 있어요. 그분이 참 멋있는 말을 만들어내셨더라고요. 보살페미니스트. 한국의 페미니즘은 아마 보살페미니즘이어야 하지 않을까 생각해요. 우리가 갖고 있는 보살성이 뭘까요? 이미 자기는 깨달았으나 열반으로 들어가지 않잖아요. 산과 들과 고통받는 이 공기와 모든 중생과 연대하면서 그들이 고통에서 벗어날 때까지 도와주는 게 보살이거든요. 그러니까 우리의 페미니즘은 그 정도의 비전을 가진 보살페미니즘이어야 하지 않을까 한다고 김정희 대표가 말했는데, 저는 완전히 거기에 한 표 던집니다.

'n번방 사건' 같은 걸 보면 어린애들이잖아요. 보니까 너무 가슴이 미어지더라고요. 쟤는 또 어떤 트라우마가 있어서 자기의 남성성이 고작 저거밖에 안 된다고 생각했을까 하고. 그건 성^性도 아니고 여성에 대한 지배와 폭력이잖아요. 그런 모든 것을 보면 우리가 얼마나 속에서 곪았고 망가졌는가를 알 수 있어요. 우리의 성 담론은 얼마나 건강하고 실용적이며 우리가 써먹을 수 있는 성 담론인가, 우리는 성에 대해 기초부터 가르쳤나, 건강하게 자랐다면 저런 걸 하면서 성을 즐기진 않았을 텐데, 저런 걸 하면서 돈을 벌진 않았을 텐데, 하는 생각이 들면서 아주 어린 시절부터 성교육을 시켜야 한다는 생각도 들었고요. 'n번방 사건'을 보면서 너무너무 파괴된 남성성을 보며 분노도 하고 화도 나고 안타깝기도 하고 정말 많은 감정이 교차했어요.

함돈균　　성폭력은 더 원초적으로 보면, 아까 살림이스트라고도 말씀하셨지만 성의 문제에만 국한되는 것이 아니라 생명이 억압되고 왜곡되면서 발생하는 폭력이라는 생각이 듭니다.

현경　　그렇죠. 성이 생명이죠. 성이 생명을 만들어내잖아요. 그 성은 꼭 생물학적인 생명이 아니라 좋은 관계일 수도 있고 작품일 수도 있고 여러 가지가 있을 수 있어요. 사람과 성과 생명이 연장선상에 있으면 좋겠어요.

함돈균　그 관점을 좀 더 다른 관점과 연결해서 말씀드리고 싶습니다. 한국의 종교 상황을 보면 어느 순간부터 큰 교회나 큰 사찰들이 세속적 세계 안에서 아주 세속화된 논리로 중심 역할을 주도하는데, 이것을 신학이라고 해야 할까요? 신도 결국은 생명의 원리에 근거해서 살게 만드는 것일 거라고 생각하는데, 사회에 적대감과 분노를 조장하고 대립과 갈등을 만드는 데 오히려 종교가 큰 영향을 주고 있거든요.

현경　종교에는 심층 종교와 표층 종교가 있어요. 표층 종교는 대게 무늬만 종교인 경우가 많아요. 종교의 메타포를 사용해서 히트 상품을 만들어내는 거죠. 세상에 그것보다 더 자본 없이 잘 팔 수 있는 제품이 없죠. 그래서 우리 업종에 있는 사람들끼리 만나서 하는 농담 중에 이런 게 있어요. 불교는 깨달음이라는 히트 상품을 만들어서 2500년 동안 너무 잘 팔았고 기독교는 구원이라는 히트 상품을 만들어서 2000년 동안 잘 팔아왔다, 이런 얘기를 합니다. 기독교도 예수운동에 근거한 기독교와 로마의 국교가 되어 지배자의 종교가 된 그 기독교는 굉장히 달라요.

예수가 했던 건 메시아 운동이었어요. 하나님의 왕국을 이 땅에서 경험하고자 했던 대단한 운동이었죠. 그리스도 안에서는 노예나 유대인이나 이방인이나 남자나 여자나 전부 자유인이라는 거죠. 그리스도께서 너를 자유롭게 했으니 절대로 종의 멍에를 지지 말라고 한 거예요. 그러니까 그건 식민주의도 있으면 안 되고 독재도 있으면 안 되고, 젠더에 의해서도

성적 지향성에 의해서도 그 무엇에 의해서도 내 존재가 노예가 되어선 안 되는 거예요. 그게 기독교의 복음이에요. 너무너무 급진적이죠. 하나님의 왕국이라는 표현을 하잖아요. 그게 커뮤니티가 말하는 평등함이에요. 모든 면에서의 그 평등함이 'brotherhood'와 'sisterhood'를 생성하고, 공동체를 만들고, 그런 하나님의 왕국을 우리 관계 속에서 경험하는 것. 저는 그게 원래 기독교였다고 생각해요.

그런데 그 기독교가 로마제국의 제도 종교가 되면서 권력과 돈과 모든 무기와 함께 식민주의의 앞잡이가 되었고, 노예제도를 합리화했고, 600만 명의 여성을 마녀라는 이름으로 불태워 죽였고, 십자군전쟁이라는 이름으로 이슬람 나라를 약탈했죠. 그게 엄연한 역사적 종교예요. 그러니까 그런 식의 표층 종교는 일종의 맘몬mammon이죠. 기독교는 성경에서도 그렇고 맘몬을 택할 것이냐 하나님을 택할 것이냐, 선택하라고 해요. 끊임없는 욕심, 끊임없이 내가 가져야 하는 권력과 모든 것. 그게 맘몬의 신이거든요.

우리나라는 그래도 일제 강점기 때는 기독교가 항일 운동의 근거가 되었잖아요. 그러다 이승만 정권이 들어오면서 미국 기독교 또 미국의 제국주의와 맞는 기독교가 되었고, 기독교가 지위 상승의 계기가 되기도 했죠. 그러다 산업화 시대에는 번영신학이라고 해서 하나님이 너를 많이 사랑할수록 네가 부자가 된다고 하는 풍요 중심의 신학이 활발했죠. 지갑에다 안수를 하는 식으로 돈을 많이 버는 것이 하나님의 축복이라고 했어요. 이렇게 보면 우리나라의 트렌드와 함께 종교도 그

트렌드를 따르는 것 같아요.

사실 종교는 원래는 변혁의 힘, 정화를 하는 샘물 같은 존재였고, 기독교 역사 안에서도 항상 이런 전통이 수도원 전통으로 살아 있었어요. 청렴과 근검 등 사회의 트렌드와 다르게 정화시켜 가는 전통이 항상 있었는데, 우리 사회에서는 그 전통이 발전되지 못하고 이렇게 물심物心과 같이 가는 표층 기독교, 기복적인 기독교로 발전한 거죠. 또 미국 선교사에 의해 한국 기독교가 발전했기 때문에 미국처럼 우리 기독교는 친미 반공 친자본주의예요. 게다가 미국이 많이 우경화되었잖아요. 그걸 또 그대로 들여와서 우리 기독교가 완전히 꼴통 우파가 되고 말았죠. 오죽하면 젊은이들이 기독교를 '개독교'라고 부르겠습니까.

저는 신학자로서 너무 부끄럽습니다. 어떻게 이걸 변화시켜 갈 수 있을까 하는 문제에 대해 저의 책임이라는 생각도 드는데, 저처럼 생각하는 신학자들이 있어요. 우리도 민중신학이나 통일신학의 전통이 있거든요. 한국에서도 기독교가 정말 빛과 소금이 되려고 노력을 했던 예들이죠. 저희 스승들은 신학자는 전부 감옥에 가는 것이다, 그러면서 전부 감옥에 가셨거든요. 그게 박사 후 연수 과정 같은 것이었어요. 그런데 그런 신학자와 그런 견해는 너무 소수가 되었고 지금은 물심과 함께하는, 우파와 함께하는 친미 반공 친자본주의 기독교가 우리나라에서 훨씬 왕성하게 발전했죠.

그런데 저는 기독교도 자정될 것이라고 생각합니다. 자정의 방법은 젊은이들이 가지 않는 게 아닐까 하고요. 교회는 교인이 있어야 교회잖아요. 그런데 젊은이들이 교회를 찾지 않는다면, 점점 그런 식으로 간다면, 그리고 사람들이 깨어나 스스로 진짜 하나님을 만나면, 진짜 자신의 존재 가치를 알게 되면, 그런 번영신학을 쫓아갈 것 같지 않아요.

함돈균 그런 차원에서 보면 선생님께선 제도로서의 종교와 영성이라는 것을 조금 구분해서 이해하시는 것 같습니다만.

현경 네. 예를 들면 저는 모든 사람은 종교가 있든 없든 영성적이라고 생각해요. 왜냐하면 무신론자도 진선미眞善美를 생각하잖아요. 그리고 모든 아티스트들은 초월의 차원이 있다고 생각해요. 그 아트에 진선미가 들어가야 살아나잖아요. 사회과학도 그렇고 정치도 마찬가지예요. 그 안에 진선미가 있어야 국민이 뽑아주죠. 우리나라에서 제일 후진적인 게 저는 정치라고 생각해요. 그렇지만 우리 스승 중에 하나인 라인홀드 니버Reinhold Niebuhr가 이런 말을 하셨어요. 우리는 선과 악을 선택하는 게 아니라 더 덜한 악을 선택하는 것인데 그것도 의미 있는 일이라고요. 완벽한 정치인이 없다고 해도 조금 나은 정치인을 찾아야 하는 거죠.

유니언신학교는 학생 50퍼센트 이상이 '릴리전 노 스피릿쳐리티 예스'religion no spirituality yes라고 해요. 무슨 말인가 하면, 그게 불교든 이슬람교든 어떤 제도적 종교로는 가지 않겠다는 거죠. 그렇지만 영성은 예스. 영성 없이 의미 있는 삶을 어떻게 살 수 있겠어요. 궁극적 의미에 대한 추구가 있다면 그건 영

177

성에 대한 추구가 있다는 얘기예요.

《델러웨이 부인》에서도 그러잖아요. 왜 매일 파티를 하냐고 물었더니 파티를 안 하고 이 구질구질한 일상을 어떻게 넘어 갈 수 있겠느냐고요. 그녀에게는 이게 파티로 나타났지만 우리에게는 그것이 아트일 수 있고, 명상일 수 있고, 사회운동일 수 있는 거죠. 저는 사회운동도 굉장히 영성적인 것이라고 생각해요. 나만 잘 먹고 잘 살면 되지 왜 남을 위해 내가 희생하겠다고 나오냐 말이에요. 왜 그 조그만 NGO에서 말할 수 없이 적은 월급을 받으면서 골드만삭스에 들어가느니 나는 이 NGO에서 일하겠다는 말을 하냐는 거죠. 왜 그런 선택을 할까요? 그게 더 좋기 때문이에요.

함돈균   자기를 넘어선 초월인 거죠.

현경   그렇죠. 그런데 저는 그 초월의 차원이 모든 깊은 성찰에 들어 있다고 생각해요. 신을 전제하든 안 하든.

과학과 신비의 만남

함돈균   두 가지 정도의 질문만 드리고 마무리하겠습니다. 지금 인공지능 시대잖아요. 어떻게 보면 기계가 생명을 얻은 것처럼 보이는 시대가 되었는데요. 이런 시대의 흐름이 있는가 하면 영성적 삶의 추구라든가 명상적 태도를 추구하는 흐름도 전 세계적으로 나타나고 있죠. 이런 흐름들이 가지는 의미를 무엇이라고 생각하시나요?

현경　과학과 신비의 만남인 것 같아요. 과학의 끝은 신비거든요. 특히 물리학자들이 무엇이 물질인가 파고 들어가다 보면 모르겠다고 하죠. 불교나 기독교는 명상을 통해 '오직 모를 뿐'의 세계로 들어가는 거죠. 정말 하나님에 대해서도 모르잖아요. 오직 모를 뿐인 거예요. 특히 중세 신비주의자들은 '완벽한 공空이 하나님이다'라고 말했고, 유대교에서도 구약성서에 이런 말이 나왔죠. 야훼가 누구냐, 나는 나다. 동어 반복이에요. 설명하지 않겠다는 거죠. 그리고 우리가 신에 대해서 이렇게 저렇게 왈가왈부하지만 그렇게 왈가왈부할 수 있으면 이미 신이 아니죠.

　　　　토마스 아퀴나스 같은 사람은 우리의 지성의 끝에서 지성이 난파하는 순간 신을 만난다고 했죠. 그래서 과학이 끝까지 가면 신을 만날 수밖에 없는 것 같아요. 우리가 지금 그 시점에 온 것 같고요. 저는 이걸 굉장히 좋게 봐요. '파고 파고 들어갔더니 모르겠다'는 과학의 세계와 '오직 모를 뿐'의 명상의 세계가 만나야 된다고 생각해요. 그러면 과학과 신비, 영성이 반대가 아니라 똑같은 리얼리티를 보는 다른 언어가 될 수 있을 것 같아요.

함돈균　앞서 평화운동을 하셨다고 했는데요. 한국 사회의 가장 고통스러운 지점 중 하나가 분단으로 인한 삶의 질곡이라고 생각

179

합니다. 우리가 잊고 살지만 구조적으로는 거기에 굉장히 박혀 있기 때문에 비롯되는 고통이 너무 심각하다고 생각합니다. 분단 사회가 갖고 있는 문제들을 우리가 한 걸음 진전된 방식으로 사고할 수 있는 관점을 제안하실 수 있을까요?

현경   저는 반드시 통일을 해야 한다고 생각해요. 우리는 너무 오랫동안 섬으로 살아왔고 역사적인 트라우마를 겪고 있어요. 5천 년 동안 서로 왕래했던 사람들인데 우리의 의도에 의해 일어나지 않은 제2차 세계대전이라는 전쟁 끝에 분단이 되었죠. 전범국가도 아닌데 우리가 남북으로 잘리게 된 거잖아요. 이 세계의 어떤 힘과 권력 속에서 우리가 희생자가 되었어요. 독일만 해도 그렇게 이데올로기로 갈라졌지만 형제를 서로 죽이지는 않았죠. 그런데 우리 한반도에서는 형제 살인이 일어났어요. 이것처럼 깊은 트라우마는 없는 거예요. 수십만 명을 죽였잖아요. 그 원혼이 너무 깊은 게 우리의 역사예요.

분단은 은유적으로 이야기하면 우리 허리를 잘라서 기가 통하지 않게 한 것과 같아요. 그래서 북쪽도 병들고 남쪽도 병들었죠. 북쪽이 전체주의적인 독재로 병이 들었다면 우리는 완전히 자본주의로 병이 들었는데, 이 트라우마의 특징이 사람들로 하여금 터널 비전을 갖게 한다는 거예요. 흑이냐 백이냐 두 개밖에 없죠. 트라우마가 있는 사람은 관용을 베풀 수 없어요. 그래서 꼭 편을 갈라야 해요. 친구냐 적이냐를 갈라야 해요. 그게 트라우마의 아주 기본이에요. 그런데 우리는 전 국민이 트라우마을 가졌죠. 그러니까 통일은 그냥 역사적이고 정치적인 문제가 아니라 우리 모두의 몸과 영혼과 문화적·영성적 치유를 위해 꼭 필요해요.

그래서 저는 너무 빠른 통일은 도리어 우리 건강에 해롭고 먼저 왕래부터 해야 한다고 생각해요. 그 왕래를 위해 제일 먼저 이뤄야 하는 것이 종전 협정을 평화 협정으로 바꾸는 것이죠. 한반도에서 전쟁이 끝나야 해요. 우리는 전쟁이 끝난 게 아니거든요. 그러니까 엄청난 군사비를 들이고 미국한테도 말도 안 되는 군사비를 내고 있죠. 우리가 전쟁 상태이기 때문이에요. 그런데 우리가 한반도의 평화를 선포하고 평화 협정으로 바꾸면 그게 벌써 큰 변화가 되죠. 그다음에 남북 철도를 놓고 경제를 통해 왕래하면 되는 거예요. 절대 화해 못할 것 같은 사람들도 같이 돈을 벌면서 돈 버는 동지가 되니까 화해가 되더라고요. 우리가 경제로도 한계에 다다랐잖아요. 그렇기 때문에 북한과 왕래하며 경제적으로 교류하는 것이 정말 중요한 것 같아요.

그리고 중요한 게 문화예술의 힘이죠. 저는 드라마 〈사랑의 불시착〉을 그냥 멜로로 보지 않았어요. 우리나라의 예언자들은 방송 작가들이구나, 하는 생각을 했어요. 가장 좋은 통일은 이렇게 왕래하다가 남북한 남녀노소가 사랑에 빠지고 친구가 되고, 그러면 통일은 시간 문제잖아요. 왕래하며 사귀려고 할 때 가장 안전하게 갈 수 있는 것이 음악, 미술, 스포츠 같은 것들이에요. 왜냐하면 이런 건 정치적이고 공격적이지 않으니까. 그래서 우리는 모든 방법을 동원해 평화 협정을 만들고, 남북 철도 열고, 경제 협력하고, 문화와 스포츠도 협력해서 자꾸 만나야 해요. 이렇게 문화를 같이 향유하면서 자란 북한의 아이들이 자기 결정을 할 수 있을 때까지 성장하면 그때 통일해야죠. 계속 대화 운동을 하면 좋겠어요. 남북한의 예술가와 학자 들이 어떤 식으로든 작은 대화를 시작하면 좋겠어요.

이제 세상을 바꾸는 건 코끼리와 사자와 호랑이가 아니에요. 개미와 거미와 나비예요. 개미 같은 아주 작은 사람들이 어디나 구멍을 만드는 거죠. 굉장한 규모의 피라미드도 수백만의 개미들이 들어가면 무너져요. 개미들이 자기가 있는 곳의 모든 지배와 억압 구조에 구멍을 만들면 그다음은 거미처럼 네트워킹을 하는 거예요. 그리고 나비효과 아시잖아요. 브라질 정글에서 나비가 펄럭이면 히말라야에서 산사태가 난다는 거. 저는 그런 문명을 꿈꿔요. 곤충의 문명, 개미와 거미와 나비의 문명. 그런데 저는 이런 일이 꼭 일어날 것 같아요. 베를린 장벽이 무너진 역사가 있잖아요. 우리에게도 그런 역사의 우연이 꼭 생길 것 같아요. 그때 중요한 건 준비되어 있어야 한다는 것이죠. 독일은 굉장한 준비를 했거든요. 동독과 서독이 끊임없는 대화 모임을 했어요. 우리도 그런 대화의 층을 쌓아가면서 준비를 해야 하지 않을까요.

함돈균 그 준비의 과정에 파티PaTI나 미지행 같은 새로운 학교들이 나타나는 것 같습니다. 작은 학교들이지만 이런 뜻을 통해 그런 준비들이 예비되고 있다는 생각이 듭니다.

저도 파티에 와서 1학년 학생들과 드로잉 워크숍을 하면서 즐거웠어요. 교육 방식이 학생 안에 있는 '그것'을 꺼내더라고요. 그런데 이건 신학자인 제게는 정말 중요한 것이거든요. 도마복음을 보면 구원이 무엇이냐는 물음에 대한 예수님의 대답이 나와요. 네가 네 안에 있는 그것을 꺼내면 네 안에 있는 그것이 너를 구원할 것이다. 그러나 만약 네가 네 안에 있는 그것을 꺼내지 못한다면, 태어나지 못한 네 안의 그것이 너를 파괴시키고 말 것이다. 너무 멋진 구원 아니에요? 저는 우리가 그렇게 나를 구원하고 서로를 구원하면 좋겠습니다.

경제학자이자 국제개발협력 전문가. 서울대학교 행정대학원 객원교수 **김길홍**

아시아개발은행 센터 글러스터 총괄 **나성섭**

유니언신학교 교수 **현경**

코로나 이후 아시아의 역할과 사회디자인

함돈균　오늘은 아시아개발은행에서 근무하면서 큰 규모의 사회디자
인, 국가디자인을 해오신 두 선생님을 모시게 되었습니다. 나
성섭 선생님은 아시아개발은행Asian Development Bank, ADB의 교육
분야 대표로 계시면서 남아시아 지역의 인간사회개발 디렉
터로 계시고요. 교육 및 보건 분야의 일뿐만 아니라 경제 인
프라와 사회보장 등 폭넓은 분야에 대한 정책 및 연구 등을
수행하고 계십니다. 현장에서 일하는 사회개발 전문가, 나성
섭 선생님이십니다.

또 한 분은 아시아개발은행에서 굉장히 오랫동안 근무하다 2
년 전쯤 퇴직한 후 서울대학교 행정대학원 객원교수로 계시
는 김길홍 선생님입니다. 김길홍 선생님은 21년간 아시아개
발은행에서 일하면서 선임 디렉터 역할을 하셨고, 베트남과
라오스 등 동남아 지역에서 교통·도시개발·교육·보건·금융
등과 관련한 많은 프로젝트를 총괄하셨습니다. 빌게이츠재
단과 함께 혁신적인 하수시설지원펀드를, 록펠러재단과 기
후변화대응도시개발펀드를 설립하셨습니다. 시민들이 직접

186

대화할 기회가 정말 드문 분들이라고 생각합니다.

먼저 김길홍 선생님께 질문을 드립니다. 아시아개발은행이라는 곳이 일반인에게는 낯설 수 있는데, 어떤 곳인지 간단하게 설명해 주실 수 있을까요?

김길홍　　아시아개발은행은 아시아 지역의 개발도상국에 개발 전략과 자금을 지원해 가난에서 벗어나게 하고 국민의 삶의 질을 개선시키는 국제 개발금융기관입니다. 좀 더 자세한 내용은 현재 재직 중인 나성섭 박사께서 잘 설명해 주실 것 같습니다.

나성섭　　아시아개발은행은 이름에서 쉽게 알 수 있듯이 지역적으로 아시아를 대상으로 개발도상국가들의 경제사회 개발을 목적으로 1966년 설립된 개발기구이자 무상 혹은 차관을 제공하는 은행입니다. 아시아개발은행의 유사 기관으로는 세계은행World Bank, 미주개발은행Inter-American Development Bank, 아프리카개발은행African Development Bank 등이 있는데, 모두 제2차 세계대전 이후 냉전 구도에서 나온 국제 개발금융기관입니다. 흔히 유엔UN 산하 UNDPUnited Nations Development Program나 FAOFood and Agriculture Organization 등의 개발기구와 차이점을 묻는데, UN 산하 국제기구들은 대부분 은행 기능을 가지고 있지 않고 무상원조만 합니다. 이에 반해 아시아개발은행, 세계은행, 미주개발은행 등은 국제 개발금융기관으로서 기채起債를 통해 자본시장에서 저리로 자금을 조달해 이를 장기 저리의 유상원조로 개도국에 제공합니다.

함돈균 한국에도 그런 국제기구라든지 국제 협력과 관련된 부분에 관심을 가진 젊은이가 많은데, 어떤 절차를 통해 그런 기관에 입사할 수 있는지 여쭙니다.

김길홍 국제기구들이 새로운 인재를 선발하는 절차는 대체로 비슷한데, 아시아개발은행 같은 경우에도 직원을 수시로 채용합니다. 우리나라는 공채 기간이 정해져 있는 경우가 많은데 아시아개발은행이나 다른 국제기구는 공석이 생길 때마다 수시로 뽑는다는 점이 다릅니다. 수시 채용이기 때문에 온라인 홈페이지에 들어가 보면 그때그때 필요한 포지션이 공개돼 있죠. 필요한 포지션과 하는 일, 자격 요건이 구체적으로 적시됩니다. 그걸 보고 관심 있는 분들은 절차에 따라 이력과 선호 업무를 감안해 온라인으로 지원합니다. 보통 한 자리에 수백 건에 달하는 지원서가 세계 각국에서 옵니다. 지원하는 이들의 국적은 아시아개발은행의 회원국이어야 하는데, 한국이 회원국이기 때문에 한국인은 지원할 수 있습니다. 지원자들의 지원서를 보고 내부 평가를 통해 추려서 1차 목록을 만듭니다. 이를 바탕으로 다시 평가해 2차 목록을 만드는데, 자리에 따라서 세 명에서 다섯 명 정도를 최종으로 추려 전화 또는 비디오 인터뷰를 진행합니다. 그중에서 적임자가 발굴되면 한두 명 정도를 초청해 대면 인터뷰를 해서 최종 채용 여부를 결정합니다.

아시아개발은행이 필요로 하는 분야의 사람을 뽑을 때는 그 사람의 경력, 특히 국제 개발 분야에 근무한 경험이 있는지,

뽑고자 하는 분야에 전문성이 있는지, 다양한 문화적 배경을 가진 사람들과 잘 적응하며 팀에 가치 있는 공헌을 할 수 있는지, 개발 업무 추진 과정에서 나타나는 여러 가지 문제들에 대한 해결 능력이 있는지 등을 고려해 종합적으로 판단하여 선발합니다. 국제기구에 관심 있는 분들이 많이 늘고 있는데, 특히 중요한 것은 자기 전문 분야에 관한 경험과 지식, 그리고 국제적 가치관과 세계 시민으로서의 공감능력이라고 생각합니다. 이런 자질을 키워놓으면 국제사회에서 한국에 대한 인식이 많이 높아지고 있기 때문에 좋은 기회가 많으리라 생각합니다.

함돈균   보통 은행이라고 하면 일반 은행 업무를 생각할 수 있는데, 두 분은 아시아개발은행에서 사회와 국가의 인프라를 만들고 사회 서비스를 만드는 사회디자이너의 역할이 어떤 것인지 보여주는 일을 오랫동안 해오셨어요. 오늘 나누려는 대화의 주제가 '코로나 이후 아시아의 역할과 사회디자인'인데, 정말 이 주제에 걸맞은, 게다가 쉽게 모시기 힘든 두 분과 함께하고 있다는 생각이 듭니다.

우리의 시선이 늘 서구와 유럽을 중심으로 맞춰져 있었는데 이번 코로나 팬데믹 이후 세계에 대해 눈꺼풀이 벗겨진 면이 있지 않습니까? 아시아 혹은 유럽과 같은 곳을 어떻게 하면 다시 균형적으로 볼 수 있는지, 그러한 재인식의 차원에서 굉장히 중요한 시점이라는 생각이 듭니다. 강단의 교육자들과는 또 다른 이야기를 나눌 수 있을 것 같습니다. 두 분 모두 국제기구에서 오래 일하셨는데 경제학자이기도 하세요. 경제학 박사로서, 교수로서 국제기구에서 일하시면서 사회개발이나 국가디자인이라는 관점에서 현재 코로나를 중심으로 우리가 어떤 부분을 가장 중요하게 봐야 하는가에 대한 두 분의 생각을 듣고 싶습니다.

나성섭 현재 저는 아시아개발은행에서 코로나 팬데믹 긴급 지원대책을 책임지고 있습니다. 그래서 오늘 코로나 팬데믹 긴급 대책 경험을 공유하고자 합니다. 이번에 발생한 코로나 팬데믹은 우리가 일상에서 접하던 보통의 재난 사태와 두 가지 명확한 차이점이 있습니다. 첫째, 흔히 재난 사태는 국지적으로 발생하는 데 반해, 이번 코로나 팬데믹은 범지구적 스케일로 일어난 엄청난 사건이라는 점입니다. 둘째, 이런 범지구적 규모의 보건 위기가 발생할지 전혀 몰랐다는 점입니다. 예측하지 못한 사태가 범지구적으로 발생하면서 발생 초기 WHO World Health Organization뿐만 아니라 각국 정부는 어떻게 대응해야 할지 몰라 갈팡질팡하는 상황이었습니다. 거의 공황 상태였다고 할까요? 또 다른 문제는 이런 비상사태에도 불구하고 대응 정책을 준비하고 주요한 의사결정을 내릴 수 있는 시스템이 제대로 작동되지 않았다는 점입니다. 현실적으로 대응 정책을 결정할 권한을 가진 책임자들은 총리실, 재경부, 보건부 등에 있는 서너 명에 불과한데, 이분들이 다른 일로 너무 바쁜 겁니다. 대통령이나 수상 등 정부 고위직에 대한 보고, 다른 유관 부서 및 민간과 협의·소통하는 일 등에 많은 시간을 소비하면서 정책 대응을 준비하고 실행할 시간 자체가 부족한 상황이 돼버리는 겁니다.

코로나 팬데믹을 통해 경험한 것은 기본의 중요성입니다. 기본 시스템(하드웨어뿐만 아니라 소프트웨어, 의사결정 체계 등을 포함합니다)을 제대로 갖춘 국가들이 코로나 팬데믹에 훨씬 잘 대응했습니다. 비상사태나 재난에 대비하여 준비해야 하는 거죠. 그런데 최근 많은 투자에도 불구하고 여전히 많은 개도국들의 기본 서비스 시스템에 부족한 점이 많았습니다. 이번 코로나 팬데믹을 통해 기본 서비스 시스템을 제대로 구축하고 비상사태나 재난이 발생해도 기본 서비스의 핵심 기능을 보호·유지해 기본 서비스의 연속성을 확보해야 함을 절실히 깨달았습니다.

김길홍　코로나 위기는 여전히 진행 중이라고 생각합니다. 코로나 위기는 보건 위기로 시작해 경제 위기로 전환되면서 사회의 위기와 식량 위기까지 초래했고, 국제질서의 위기로 연결되고 있죠. 또 이러한 위기에 가려져 있는 여러 가지 문제를 우리가 이미 겪고 있거나 앞으로 겪어야 하는 상황이에요.

예를 들면 교육 위기 같은 거죠. 봉쇄 조치 때문에 학교에 제대로 가지 못한 학생들이 인격 형성과 학습 능력에 어떤 영향을 받았을지, 그리고 코로나가 가져온 가정의 위기, 특히 여성과 약자에 대한 위기도 있죠. 나아가 국가권력이 공공의 이익을 위해 개인의 자유를 어디까지 제약할 수 있는가 하는 문제에 대해서도 사회적 논의가 필요합니다. 보건 위기가 터져

전 세계로 퍼지면서 동시다발로 여러 위기가 발생해 쓰나미처럼 한꺼번에 밀려왔던 겁니다. 그리고 어느 나라도 제대로 준비가 안 되어 있었고요. 모두가 많이 배우고 겪어가는 과정이었어요. 이런 과정을 통해 '세계가 정말 연결되어 있구나', 세계가 한 커뮤니티라는 생각이 마음에 와닿았죠. 또 우리가 살아가는 데 있어 다양한 여러 분야가 작동하는데, 이 분야들이 각각 따로 떨어진 것이 아니라 다 연결되어 있구나, 그래서 보건 문제가 보건 그 자체인 것만이 아니라 보건이 곧 경제고 사회고 교육이구나 하는, 서로 다 연결된 것이라는 생각을 하게 되었죠.

많은 분이 커뮤니티의 중요성을 느꼈으리라 생각합니다. 사람들과의 접촉이 두려운 상황 속에서도 누군가는 방역을 해야 하고 누군가는 여전히 택배 물품을 날라야 하죠. 우리가 대가를 지불하고 당연하게 받아온 서비스의 이면에 생명의 위험과 자기 보건의 위험이 있는 상황에서도 이 사회를 유지하기 위해 노동해야 하는 사람들이 있는 거죠. 그래서 이 사회는 한두 명의 개인으로 움직이는 것이 아니라 우리 모두 자기 분야에서 역할을 다하며 서로 엮어 있는 공동체라는 사실이 실제로 와닿는 계기가 되었어요. 또 코로나 팬데믹으로 사람들의 움직임과 활동이 감소해 공기가 깨끗해지지 않았습니까? 이런 현상을 보면서 우리가 그동안 자연이나 기후에 대해, 예를 들면 공기와 물 같은 존재를 당연하게 생각해 왔는데 소중한 자원을 어떤 면에서는 지속가능하지 않게 활용한 면이 있지 않았나 하는 생각이 들었고요. 기후변화 같은 부분에 대해서도 이제는 전 지구적으로 생각했으면 합니다. 무엇이 우리가 지켜야 할 소중한 가치고, 우리는 어떻게 살아가야 하는가를 생각하는 계기가 되었으면 합니다.

그 사회의 수준에 맞는 사회안전망 구축하기

함돈균　지속가능한 봉쇄가 되기 위해 누군가는 움직여야 하는데, 그렇게 움직이는 사람들의 가치를 평소엔 잘 인식하지 못하다가 이번을 계기로 정말 중요한 노동가치라는 걸 알게 된 것 같아요. 노동시장에서 그 가치가 충분히 인식되지 않아서 사회의 저임금 노동에 머무르고 있었다는 생각도 들고요. 이런 부분들이 다시 각인되고 각성될 가능성이 있을지 궁금합니다.

김길홍　이번 계기를 통해 사회안전망에 대한 논의가 좀 더 심도 있게 진행되었으면 합니다. 아시아개발은행에서도 개발도상국의 사회안전망 구축에 관한 이야기가 많이 나오겠죠. '사회안전망을 어떻게 그 사회의 수준에 맞게 구축하고 유지해 나갈 것인가' 하는 문제는 그 사회 안에서 합의가 이루어지는 것이 중요합니다. 왜냐하면 사회안전망은 재원 문제도 있고 사회를 유지하는 동력에 관한 문제도 생기기 때문입니다. 그래서 그 나라와 사회가 가진 시스템이나 여러 제반 요소를 살펴보면서 그 사회에서 감내할 수 있는 합의를 구축하는 것이 굉장히 중요하다고 봅니다. 그런 면에서 사회의 다양한 계층 간

193

소통과 상호이해가 중요하겠죠.

함돈균　근대 이후 서구가 굉장히 강력한 힘을 갖게 되고, 합리적이고 설득력 있는 시스템을 만든 부분이 있죠. 그 힘이 보편화된 것이 모더니티인데 이번 코로나를 계기로 이 모더니티를 다시 봐야겠다는 생각이 듭니다. 우리가 천조국이라고 생각했던 미국은 왜 그런 상태였는지, 이상적으로 생각했던 유럽 강국들의 실질적 상황과 모습을 보면서 탈식민주의 이론도 하지 못했던 서구중심주의를 깨트리는 데 코로나가 굉장한 영향을 미쳤다는 이야기를 하기도 합니다. 선생님들은 미국에서 공부하고 아시아를 위해 일하면서 충분히 상대주의적 시야를 갖고 계실 텐데, 이 부분을 어떻게 이해하시는지요?

나성섭　이번 코로나 사태는 매뉴얼이 없는 일이 발생한 것입니다. 사실 메르스와 조류독감 사태 등을 거치면서 WHO의 가이드라인에 따라 각국이 매뉴얼을 열심히 준비했었습니다. 그런데 막상 코로나 팬데믹이 발생해서 보니 매뉴얼에 없는 것도 있었고 우리가 잘 몰랐던 부분도 많은 거예요. 개도국만 그런 것이 아니고 선진 국가들도 예외가 아니었습니다. 1918년 스페인독감 발병 후 100년 만에 새로운 범지구적 스케일의 사태가 발생한 것이었으니까요. 스페인독감 때는 뭘 모르고 당한 것이고, 지금은 우리가 많이 안다고 생각했습니다. 코로나 사태의 전조로 메르스도 있었고 조류독감 사태도 있었고요. 그런데도 매뉴얼을 제대로 준비하지 못했죠. 이런 규모의 팬데믹이 닥칠 줄 몰랐던 거예요.

이번 코로나 팬데믹은 우리에게 중요한 질문을 던집니다. 즉 앞으로도 예측 불가능한, 매뉴얼에 없는 재난이 계속 발생할 것인데, 이런 재난에 우린 어떻게 대비해야 하는가라는 질문입니다. 사실 예측 불가능한 사태에 완벽한 대비를 한다는 것은 불가능합니다. 하지만 앞에서 말씀드린 바와 같이 기본 시스템이 잘 구축된 경우 매뉴얼에 없는 새로운 사태에도 잘 대응했습니다. 여기서 한국의 예를 들어보죠. 한국은 조류독감과 메르스를 거치면서 기본 보건 시스템을 잘 구축했습니다. 또 여러 사태를 겪으면서 질병관리본부(현 질병관리청)라는 굉장히 강력한 감염병 위기 대응 컨트롤타워를 갖추었고요. 그런데 다른 개도국의 경우 한국의 질병관리본부와 같은 감염병 위기 대응 조직을 갖춘 곳이 생각보다 많지 않습니다. 이런 조직이 없기 때문에 많은 개도국이 초기에 제대로 된 대응을 하지 못하고 우왕좌왕한 것입니다. 한국의 경우 최근 10-20년간 감염병 위기 대응을 위한 기본 시스템이 크게 강화되었고, 그것이 코로나 팬데믹에서 빛을 발했습니다. 기본적인 능력이 존재하다 보니 매뉴얼이 없는 상황에서도 해결책을 잘 찾아갈 수 있었습니다.

한국은 2019년 12월 31일 중국 후베이성 우한에서 원인 불명의 폐렴 환자가 발생한 지 열흘 만인 2020년 1월 10일에 첫 소집된 감염병 위기 대책 전문위원회를 시작으로 1월 13일 코로나19 검사법 개발에 들어갔습니다. 이후 1월 27일 질병관리본부는 20여 개 민간 시약업체를 모아 진단키트 개발을 요청했는데, 일주일 만에 처음으로 긴급사용승인을 받는 시약이 나왔습니다. 이후 여러 업체가 시약과 진단키트를 생산하고 보급하기 시작하면서 대규모 검사를 신속하게 처리할 수 있는 시스템을 초단기간에 구축할 수 있었죠. 그런데 진단키트를 만들려면 코로나바이러스를 가지고 있어야 하잖아요. 1번 환자가 중국 분이었는데 국립의료원 의료진이 1번 환자의 검체를 확보해 계속 질병관리본부에 리포팅을 했습니다. 메르스 때는 이 리포팅이 제대로 되지 않아 사태가 악화되었었고요. 메르스 때는 시스템에 구멍이 많았는데 이번엔 기본 역량과 훈련이 되어 있어 상황을 잘 판단해 나갈 수 있었던 것이죠.

돌이켜보면 첫째, 국립의료원 의료진이 1번 환자를 확인 리포팅한 것, 둘째, 질병관리본부의 선제적 판단으로 소집된 1월 27일 회의, 셋째, 일주일 만에 시약을 준비한 민간 시약회사의 존재라는 삼박자가 어우러져 이러한 신속 대응이 가능했습니다. 이것은 의료진, 준비된 기본적 감염병 대응 시스템, 민관이 협력하여 만든 거버넌스 시스템의 합작품이었다고 생각해요. 전염력이 강하다는 것을 일찍이 파악했고, 여기에 더해 헌신적인 의료진의 노력과 정책·행정 조직도 있었고요. 또 우리의 시민의식도 빼놓을 수 없죠. 우리나라만큼 협조적인 시민의식을 가진 이들이 없었을 거예요.

김길홍 　우리가 큰 변혁의 시대를 살고 있는데, 코로나 팬데믹이 그동안의 큰 흐름의 방향을 바꿀 것인가 아니면 오히려 촉진시킬 것인가 하는 논의가 있어요. 저는 코로나 사태를 거치면서 대변혁의 시대가 더 앞당겨진 게 아닐까 생각합니다. 그중 하나는 아시아의 부상, 즉 아시아가 세계 무대에 주역으로 등장하는 시간이 당초 생각했던 것보다 빨라지는 게 아닌가 싶습니다. 코로나 이전에도 각 나라의 발전 추세를 보면 아시아 지역의 경제 발전이 상대적으로 가속화되었어요. 1970년대 아시아의 GDP(국내총생산)가 세계 GDP의 15퍼센트 정도였는데, 지금 아시아의 GDP가 세계 GDP의 33-35퍼센트 수준으로 올라왔어요. 그리고 이런 추세가 유지된다면 2050년경 아시아 GDP가 세계 GDP의 50퍼센트를 넘어선다는 예측이 있습니다. 이러한 발전 시나리오를 논할 때 아시아가 경제 발전은 할 수도 있겠지만 거버넌스나 위기대응 능력, 시민의식 같은 소프트웨어 측면에서는 아직 유럽이나 미국에 상당히 뒤처져 있기 때문에 아시아의 시대가 도래하기는 힘들 것이라는 의견도 있었습니다.

그런데 코로나 위기를 거치면서 아시아도 위기 대응에 있어 나름대로의 수준을 보여주었다고 생각합니다. 특히 한국이나 싱가포르, 대만 같은 곳은 다른 나라와 달리 물리적인 봉쇄를 제한적으로 취했죠. 사회가 전체적으로 문을 닫고 멈추게 되는 정도는 아니었습니다. 또 시민들이 자율적인 거리 두기를 하는 등 성공적인 사례를 보여주었다고 생각합니다. 물리적 봉쇄를 하지 않더라도 시민들이 자율적으로 자제하는 높은 의식 수준의 아시아를 세계가 본 거예요. 아시아도 나름대로 시민 역량이 상당히 높고 아시아로부터 배울 게 많다고 여기기 시작했다고 봅니다. 여전히 서구 사회가 앞선 점은 많죠. 특히 새로운 방식의 코로나 백신을 단기간에 개발·생산해서 전 세계에 공급한 창의적인 기술력과 자본 동원 능력은 대단하다고 생각합니다. 그러나 아시아도 나름의 시민 역량과 국가 위기관리 능력을 보여줌으로써 국제사회가 조금 더 균형 잡히고 다원적인 체제로 갈 수 있는 계기는 만들었다고 봅니다.

그리고 또 하나의 추세는 이번 코로나 사태를 겪으면서 4차 산업혁명이 빠르게 앞당겨지리라는 것입니다. 특히 그동안 여러 이해갈등 요소 때문에 도입하는 데 시간이 오래 걸릴 것이라고 생각한 원격진료나 재택근무, 온라인 강의 같은, 5년에서 10년을 바라보고 해나가야 할 것들을 2-3개월 만에 하고 있는 거죠. 사람 간의 전염 위험을 피하기 위해 로봇 사용과 자동화가 가속화되고 다양한 분야에서 데이터를 활용한 아이디어가 굉장히 많이 나왔어요. 코로나가 진정되더라도 4차 산업에 기반을 둔 새로운 영역들은 아마 사라지기 힘들 거라고 봅니다. 그래서 4차 산업이 더 촉진되는 과정을 거치게 되지 않을까 생각해요. 코로나 때문에 역사의 추세가 방향을 전환하는 것이 아니라 오히려 그 방향을 앞당기고 있다고 보는 것입니다. 물론 위기 상황에 대처하는 데 초점을 맞춰야 하지만, 나아가 세계 질서가 어떻게 재편될 것인가, 아시아 시대가 어떻게 부상할 것이며 4차 산업 시대를 위해 무엇을 준비해야 하는가, 우리는 이 과정에서 세계의 새로운 질서와 매뉴얼이 만들어질 때 세계에 무엇을 제공할 수 있는가, 우리가 어떤 기여를 할 수 있는가에 관한 고민이 필요하다고 봅니다.

지역에서 서로 협력하며 배우고 공유하기

함돈균 아시아에 관해 두 가지를 여쭙고 싶습니다. 오랫동안 아시아를 상징하는 모델처럼 여겨진 중국과 일본의 코로나 대응방식에 대한 의견을 여쭙고 싶고요. 또 하나는 우리에게 잘 알려지지 않은 아시아, 선생님들께서 오래 함께 일하셨던 베트남이나 라오스, 남아시아의 여러 나라들 있지 않습니까? 그런 지역은 사회 인프라나 국가의 민주적 거버넌스가 부족하다고 알고 있는데, 그곳에서는 지금 코로나 팬데믹에 어떤 방식으로 대응하고 있는지 궁금합니다.

나성섭 중국과 일본의 대응 전략은 상당히 대비된다고 생각해요. 중국은 강력한 국가 행정력과 중앙집권이 있기 때문에 우한 봉쇄부터 출발해 초기 대응을 상당히 잘했죠. 비판도 많이 받았지만 실은 그런 행정력이 없었으면 어떻게 되었을까요? 물론 커뮤니케이션 문제나 여러 문제점이 많다는 사실도 잘 알고 있지만요. 한국은 코로나 대응에 있어 상당히 특이한 접근을 한 사례입니다. 전문가들도 '한국은 왜 이렇게 하지?'라고 생각할 정도로 한국의 확진자 동선 추적은 사생활 침해 비판에서 자유롭지 못했습니다. 그런데 한국이 이렇게 한 이유는 무언가를 알고 있었기 때문이에요. 앞에서 말한 대로 한국 국립

의료원과 질병관리본부 등이 굉장히 유기적으로 활동하면서 그런 판단을 내렸던 거죠. 일본은 그런 판단을 할 수 있는 시스템이 작동하지 않은 것 같고요.

그런데 한국과 같은 대응방식으로 가지 않은 나라가 많습니다. 코로나가 이렇게 전염성이 강할 거라고 판단하지 못한 거죠. 특이한 상황이었어요. 극단적인 케이스였던 거죠. 우리는 상당히 옳은 판단을 하고 옳은 방향으로 간 거예요. 그런 면에서 아주 잘한 거죠. 그런데 개발도상국 같은 경우 코로나 유행이 늦게 왔잖아요. 우리는 중국에서 터진 후 바로 왔고요. 그래서 중국을 보고 많이 배웠고, 1번 환자가 35세의 중국에서 온 분이었는데 그분이 우리에게 협조를 잘해 줘서 정보를 많이 입수할 수 있었어요. 다른 나라들은 코로나 유행 시점이 조금 늦게 왔고, 진단키트를 만드는 회사도 없었죠. 우리는 메르스를 거치면서 진단키트를 만드는 시약업체가 꽤 있었고요. 개발도상국들은 판단할 수 있는 자료가 많지 않았어요. 메르스를 겪었던 것도 아니고 코로나가 도대체 뭔지 잘 몰랐죠. 시간이 지나면서 점점 알아가고 있지만 여전히 잘 몰라요. 그런 상황에서 판단하기가 어렵죠. 그래서 기본 시스템이 갖춰지지 않은 나라에서는 얼마큼 감염되었는지조차 모르는 것이 가장 무서운 것입니다.

그런데 우리는 개발도상국가들이 한국보다 뒤떨어진다고 생각하잖아요. 실은 그렇지 않아요. 정말 잘 대처한 나라가 많아요. 예를 들면 인도의 경우 모디Narendra Modi 총리가 코로나 초기에 봉쇄라는 어려운 결정을 했어요. 제 생각에는 그분도 판단할 수 있는 자료가 많지 않았을 거라고 봅니다. 그런데 며칠 사이에 그런 결정을 하더라고요. 나중에 보니 잘했다는 생각이 들고요. 필리핀은 감염자가 많이 발생해 봉쇄하기 전까지는 마스크를 쓰고 다니는 사람들이 없었어요. 한국인과 중국인만 마스크를 썼죠. 그런데 두테르테Rodrigo Duterte 대통령이 사회적 거리 두기를 강력하게 시행하면서 집 밖으로 나갈 수 없게 되자 사람들의 행동 양상이 변하더라고요. 그때부터 며칠 지나니까 마스크를 쓰고 조심하기 시작하는 거예요. 이를 통해 느낀 것은 봉쇄나 마스크 착용 정책 등을 사태가 악화되기 전에 선제적으로 했을 때 시민의 행동과 마인드를 바꿀 수 있는 넛지 효과가 되어 사태 악화를 미연에 방지할 수 있다는 사실이었습니다.

기본 시스템이 제대로 안 갖춰진 나라들에서는 상상하지 않은 일이 많이 일어나요. 개도국의 저소득자들은 쌀 배급에 의존하는데 지금 많은 나라에서 쌀을 배급할 수 없는 상황입니다. 예를 들어 방글라데시 봉제공장 노동자의 경우 코로나로 공장이 폐쇄되면서 매달 받던 급여를 받을 수 없는 상황이 되었습니다. 그러면 어떻게 될까요? 쌀이나 기본적인 식량을 살 수 없는 거죠. 또 많은 저개발국가에서는 어려운 학생들에게 무료 급식을 제공합니다. 그런데 휴교가 지속되면서 학생들이 끼니를 해결할 수 없게 되었습니다. 학교에서 무료 급식을 받던 학생들이 집에 있으니 빈곤층 가정은 더욱 곤란한 상황에 직면하게 되었고요.

아시아개발은행의 지원 프로그램은 이런 부분을 도와주는

겁니다. 예를 들어 방역을 하고, 코로나 진단을 받을 수 있도록 도와주고, 음압시설 같은 것도 만들어주고, 식량 지원 같은 사회보장을 제공합니다. 코로나 사태로 많은 개도국의 경우 의료 시스템에 과부하가 걸려 통상적 의료 서비스가 제대로 작동하지 못하는 부작용이 심합니다. 즉 코로나에 집중 대처하다 보니 의료진이 그쪽으로 다 빠져버려서 의료전달 시스템에 커다란 문제가 발생하는 것입니다. 아시아개발은행은 이런 사태가 발생하지 않도록 지원을 하고 있습니다. 이런 지원의 한 예로 산모와 아기 건강을 위한 생애 첫 1000일 영양 프로그램을 들 수 있습니다. 임신 기간 270일과 생후 730일(2년) 기간을 포함한 생애 첫 1000일간의 영양 섭취는 아기의 인지적·신체적 발달에 결정적 영향을 미칩니다. 만일 이 프로그램이 코로나 사태로 제대로 서비스를 제공하지 못하면 그 부정적 영향은 가정과 국가에 이루 말할 수 없이 클 것입니다. 그래서 아시아개발은행은 이들 임산부와 아기에 대한 생애 첫 1000일 영양 프로그램이 코로나 사태에 영향을 받지 않도록 특별히 지원하고 있습니다.

코로나 사태는 보건 위기이자 재정 위기입니다. 많은 개도국의 경우 코로나 사태로 막대한 재정수요가 발생하는데 경제가 침체되어 조세수입이 격감되면서 재정 위기가 발생했습니다. 코로나 대응에 필요한 재정수요는 전 세계 GDP의 10퍼센트 정도의 엄청난 규모입니다. 전 세계 거의 모든 국가가 코로나 사태로부터 커다란 경제적 피해를 입었기 때문입니다. 예전에 있었던 리먼 경제 위기 때는 전 세계 60개국 정도가 영향을 받았는데 지금은 전 세계 모든 국가가 영향을 받았다고 할 수 있죠. 더 어려운 점은 일부 국가에서 이런 재정 위기가 경제 위기와 외환 위기로 확대되고 있다는 것입니다. 아시아개발은행은 어느 때보다도 긴급한 지원대책이 필요한 상황임을 인식하고 개도국에 패스트트랙 프로그램을 지원하고 있습니다.

김길홍 일부에서는 각 나라의 코로나 대응 과정을 비교하는 차원을 넘어 올림픽 메달 따듯 누가 잘하고 못하느냐를 판단하는 시각도 있었는데, 제가 볼 때 코로나 같은 위기 상황에서 그 대응 방법은 각 나라의 여러 사회·정치·경제 상황을 감안해야 하는 것이거든요. 한국에서 이렇게 대응한 것은 한국의 시스템이나 역량이 갖춰져 있기 때문이고 그렇지 않은 나라에서는 그곳 나름대로 대책을 세운 거죠. 우리가 이번 사태를 보면서 각 나라의 대응방식을 통해 그 나라의 시스템을 좀 더 이해하는 쪽으로 가야지, 단순하게 같은 잣대를 놓고 달리기 순위 매기듯 해서는 각국의 대응 상황을 이해하는 데 한계가 있다고 봅니다. 우리가 앞으로 더 추구해야 할 방향은 지역 협력이에요. 사실 중국에서 코로나바이러스가 나타난 초창기에는 한국도 심각한 상황이었죠. 그렇게 코로나 사태가 갑자기 터지고 각국 뉴스에 한국이 보도되고 하다가, 그 뒤에 일본이 그런 상황을 겪었고, 아시아의 개발도상국들도 순차적으로 코로나 사태를 겪었습니다.

아쉬운 것은 인접국끼리, 중국·한국·일본을 포함한 아시아가

203

정보와 경험을 조금 더 활발하게 공유하고 서로를 도왔더라면 모두 윈-윈할 수 있지 않았을까 하는 점이에요. 그런데 이와 반대로 위기에 대응하는 과정에서 너무 국가주의적인 쪽으로 흘러온 경향이 있었는데, 이것은 앞으로 지구촌의 분열을 가져올 수도 있는 위험성을 내포하고 있다고 봅니다. 우리가 세계 미래를 열어가기 위해서는 조금 더 열린 시각으로 보면서 특히 젊은 세대는 '어떻게 하면 아시아의 젊은 세대가 함께 협력하며 서로 배우고 공유할 수 있을 것인가'에 대해 고민해 나가는 것이 좋지 않을까 생각합니다.

함돈균 중요한 말씀입니다. 코로나 상황에서 새로운 코리아 모델을 이야기하며 '우리에게 이런 능력과 저력이 생겼구나' 하고 생각하는 건 좋은데, 이걸 마치 국가 대항 올림픽처럼 여긴 면도 있지 않았나 싶습니다. 그리고 대응을 잘 못한 어떤 나라의 모습을 보고 '쌤통'이라고까지 생각하기도 했는데, 사실 그 나라가 대응을 잘 못하고 있다는 건 그 나라 사람들이 죽고 있다는 뜻이잖아요. 그런 상황을 재미있는 것처럼 여기는 태도를 보면서 제도도 중요하지만 어떤 맥락과 분위기를 잘 조성하는 것 또한 굉장히 중요하다고 생각했습니다. 그것이 작동하지 않으면 시스템이 도입되기도 어렵고요. 하신 말씀에 깊이 공감합니다.

김길홍 한국의 젊은이들과 한국 사회가 어려움에 처한 인접국이나 개발도상국을 이해하며 격려를 보내고 도움을 주는 행위가 우리나라의 국격을 높이는 데 기여하는 것입니다. 우리가 잘했으니 한국의 모델을 수출하자는 방향으로 가는 것보다는 서로 이해하면서 아시아가 하나가 되어야 한다고 여기며 같이 살아가는 운동이 필요하지 않을까 생각합니다. 또 코로나 팬데믹 상황에서 공급망 붕괴로 물자 확보에 어려움을 겪은 바 있는 미국이 물자의 세계 공급망 재편을 주도하는 등 우리를 둘러싼 세계 질서가 변하고 있습니다. 이러한 큰 흐름의 변화를 현명하게 읽어가며 보다 전략적으로 접근해 나가야 할 것이라고 봅니다.

근본적 질문을 던져야 근본적 해법이 나온다

함돈균 정치인들이 그런 것을 해야 하는데 오히려 나라와 나라 사이에 벽을 더 쌓는 것 같아요. 그래서 마스크 없는 나라에 마스크를 보내주면 그걸 욕하는 사람도 많았다고 해요. 앞에서 '매뉴얼 없는 사회'라는 말을 했는데, 특히 기술 사회의 변화에 관해 이야기하면서 인류가 지금껏 가보지 않은 길을 가고 있다고 이야기했죠. 그런데 지금 기술과 상관없이 재난으로 인해 가보지 않은 길을 가게 되는 상황이 발생했습니다. 이런 사태를 통해 매뉴얼 없는 사회에서 가능한 매뉴얼이 있다면, 교훈을 얻을 수 있는 원칙에는 어떤 것이 있을까요?

나성섭 축적의 힘과 기본의 힘이 굉장히 중요해요. 기본이 되면 응용이 가능하잖아요. 즉 기본이 튼실하면 매뉴얼이 없어도 새로운 문제에 대한 해결 능력이 생깁니다. 그러나 이는 어느 정도 축적이 되어 있어야 가능하고요. 시스템이 갖춰져 있지 않은데 '맨땅에 헤딩'을 할 수는 없잖아요. 예를 들면, 나침반이 없어도 배를 몰 수 있어요. 타고 있으니까. 그런데 배가 없으면 나침반이 있다고 한들 어딘가로 갈 수 없잖아요. 그러니까 어느 정도 기본적인 틀을 가지고 있어야 하는데, 한국은 그런 기본 틀이 많이 갖춰진 나라라는 걸 이번에 깨달았어요. 우리 사회가 기본이 갖추어진 성숙한 사회로 가고 있는데 이것은 장점이자 단점일 수 있어요. 성숙한 사회가 되다 보면 거기에 안주해 새로운 걸 추구하지 않는 단점이 있잖아요.

앞서 김길홍 박사께서 말씀하셨듯 이제는 많은 문제가 복합 위기인 경우가 많습니다. 예전에는 산수 문제 하나 풀면 딱 끝났는데 이젠 복합 방정식이 되어버린 거죠. 그래서 유기적 협조가 필요해요. 국무총리가 중앙재난안전대책본부장으로 행정·보건·재정 등 전반적 대응을 총괄한 것은 복합 방정식을 풀기 위한 관계 기관 간의 유기적 협력을 이루어낸 좋은 예라고 봅니다. 총리실이 종합 사령탑이 되면서 범정부 간 일관된 커뮤니케이션이 가능했죠. 총리 주관 중앙재난안전대책회의는 각 부처와 일선 지자체가 정부 방침뿐만 아니라 정보와 좋은 사례를 공유할 수 있는 훌륭한 소통 경로가 되었습니다. 일선 군수까지 포함하는 범정부적 중앙재난안전대책본부가 이렇게 효과적으로 범정부적 소통을 하는 시스템을 갖춘 나라는 드물 거예요. 한국이 굉장히 잘한 것 중 하나가 바로 이 중앙재난안전대책본부를 효과적으로 활용해 범정부 차원의 자원을 활용하고 일관된 소통을 한 것입니다.

보통은 위기가 생겼을 때 그 문제를 풀려고만 합니다. 일대일의 일차방정식으로 문제를 취급하며 이를 해결하려는 것이죠. 그런데 코로나 팬데믹은 복합 위기입니다. 즉 보건 위기이자 식량 위기, 사회보장 위기, 그리고 재정 위기입니다. 이렇게 유기적으로 연결된 복합 위기이다 보니 앞에서 말씀하신 것처럼 나 혼자 잘한다고 해서 되는 1인 경기가 아니라 단체 경기입니다. 또 내가 아무리 잘하더라도 우리에게 2·3차 위기가 올 수 있어요. 다른 나라에서 구멍이 뚫리면 이를 막기가 어렵습니다. 그걸 막으려면 경제적 피해가 너무 크기 때문이죠. 그래서 균형을 맞춰야 하기 때문에 쉬운 결정이 아닌 거죠. 그래서 우리만 가는 길이 아니라 함께 가야 하는 길이고요.

김길홍   사실 이번 코로나 위기는 우리 인류에게 큰 충격과 엄청난 상처를 남겼어요. 하지만 또 한편으로는 좋은 교훈을 주고 있어요. 단기간에 전 세계적으로 복합적으로 오는 위기가 또 올 수 있다는 거죠. 저는 기후변화와 관련된 위기가 올 수 있다고 봅니다. 기후변화도 비등점에 도달할 때까지는 잘 모르다가 한순간에 위기가 터지면서 동시다발적으로 우리가 감당할 수 없을 만큼 들이닥칠 수 있어요. 식량, 노동, 생명, 나아가 보건과 경제에서 모든 문제가 생길 텐데… 이미 그런 위기를 향해 초시계가 가고 있다고 봐야죠. 그래서 더 늦기 전에 우리가 공동으로 이에 대처하는 행동을 하고 또 새로운 기회도 발굴해 나가야 할 때입니다. 그리고 4차 산업혁명도 어떤 면에서는 마찬가지라고 봅니다. 많은 분야에서 인공지능을 비롯한 4차 산업 기술이 진화하고 있는데, 이렇게 급속히 발전하고 있는 여러 분야의 기술이 서로 연결되어 한군데로 엮이는 비등점에 이르면 그 영향력은 엄청날 거라고 봐요. 우리의 삶과 경제 사회 전반에 걸쳐 상상하지 못한 큰 변화가 올수 있습니다.

코로나는 우리에게 예상치 못한 위기가 닥쳤을 때 어떻게 대처해야 하는가에 대한 굉장히 좋은 경험을 던져주었어요. 제가 느끼는 건 우리의 지식이 아직 제한적이고 현대 시스템이 예상외로 취약하다는 것입니다. 그래서 우리 사회에 깊은 지식과 경험을 가진 전문가가 많아야겠다는 거예요. 코로나 위기에서 우리는 전문가의 역할이 얼마나 중요한지 알게 되었어요. 앞으로 전문가를 좀 더 중시하는 사회, 프로페셔널한 직업의식을 가진 사람이 좀 더 대우받는 사회로 가야 합니다. 지식 기반 사회로 가기 위해 각 분야에서 전문가를 키워야 하는 거죠. 이번 대응에서 찾을 수 있는 좋은 메시지는 실패가 자산이라는 겁니다. 코로나 대응 초기 단계에서 우리나라가 다른 나라와 크게 달랐던 점은 메르스에서 큰 타격을 받고 그것을 통해 우리의 시스템을 잘 정비해 놓았다는 거예요. 그 경험을 통해 코로나가 왔을 때 빠르게 파악하고 대응할 수 있었던 거죠.

많은 경우 우리 사회에서 실패한 사람은 낙오되잖아요. 실패한 사람은 다시 일어서기가 힘든 사회인데, 그런데도 우리에게 희망적인 사실은 메르스를 담당하며 비난받았던 분들이 조직에서 살아남을 수 있었던 덕분에 경험을 잘 활용할 수 있었고 영웅이 되었다는 거예요. 그러니 실패한 사람을 아끼고 실패의 경험을 딛고 성공할 수 있게끔 도와줘야 하고, 지속적으로 배우는 것을 권장하는 사회가 되어야 합니다. 이런 사회가 되면 우리에게 위기가 왔을 때 현명하게 대처할 힘을 발휘할 수 있습니다.

함돈균 실패의 경험을 귀하게 여긴다는 말씀, 참 중요한 것 같습니다. 사실 이제 인류는 계속 가보지 않은 길을 갈 것이고, 최초의 도전이 되는 위기 대응 방식이 많아질 것 아닙니까. 실패의 경험은 불가피할 것이고, 서로 배우는 자세가 필수일 수밖에 없을 것 같아요.

김길홍 그렇죠. 이 대목에서 중요한 게 융합이에요. 여러 분야가 서로 얽혀 있기 때문에 각자의 전문성도 키워야 하지만 어떻게 하면 각 분야의 전문가들이 협력해서 문제를 해결할 수 있을까 하는 파트너십에 대해서도 고민해야 해요. 내 분야에서 혼자만 잘하면 된다고 생각하는 경우가 많잖아요. 그런데 새로운 문제를 해결하거나 창의적인 아이디어를 발굴하기 위해서는 어떻게 하면 우리 사이의 벽을 깨고 협력할 수 있을 것인가가 중요해요. 위기 대응도 기본적으로 각 분야 사이에 놓여 있는 벽을 깨서 신속하게 대처해야 하는 것이고요. 벽이 많으면 한 분야의 위기가 벽을 계속 치고 넘어가면서 온 사회에 퍼지죠. 그래서 어떻게 해야 여러 분야 간에 소통과 융합을 잘해 나갈 수 있을지 많이 생각합니다.

이렇게 보면 역시 중요한 건 인재예요. 사람을 어떻게 키우고 활용할 것인가, 인재 교육을 어떻게 해나갈 것인가가 중요해요. 왜냐하면 지금 이야기하는 전문성과 경험, 융합은 사람을 중심으로 한 것이거든요. 앞으로 전 세계적으로 재택근무가 상당히 많아질 겁니다. 어떤 면에서는 이것이 도전일 수도 있고 기회일 수도 있어요. 재택근무가 일반화되면 일하는 사람에게 장소 개념이 필요 없는 거예요. 미국에서 일하기 위해 비자를 발급받을 필요가 없는 거죠. 국경이 없어지는 거예요. 그래서 우리가 세계적으로 경쟁력 있는 사람을 키우면 그 사람은 한국에 있으면서 미국과 일할 수도 있고 중국과도 일할 수 있고 인도와도 일할 수 있어요. 반대로 한국 기업이 능력 있는 인도 사람이나 방글라데시 사람과 일할 수도 있겠죠. 앞으로 갈수록 유능한 사람을 제대로 키우는 역량이 굉장히 중요해질 것입니다.

함돈균 그렇게 보면 역시 한국 교육에 대해 안타까움을 느끼게 됩니다. 이번 코로나 사태 속에서 국가의 교육 정책을 책임지는 리더들을 보면 어떤 교육을 준비해야 하는가에 대한 본질적 질문을 품는 것이 아니라 언제 개학해야 하느냐를 고민하는 것 같더라고요. 현상적으로 보면 보건 이슈가 중요하지만, 궁극적으로 보면 보건정책가와는 조금 달라야 할 교육 리더가 던져야 하는 질문이 실종되었죠. 입시 관리인처럼 행동하는 장관들의 행태가 개탄스럽더군요. 전문성도 중요하고 융합도 중요하고 협력할 수 있는 플랫폼이나 거버넌스 같은 것을 만드는 것도 중요하다고 생각합니다.

김보람 저는 기본과 축적이 중요하다는 말씀에 굉장히 공감했어요. 그런데 사실 앞서 말씀하신 것처럼 메르스의 경험이 없었다면 그렇게 시스템을 구축하거나 대처하지 못했을 부분도 있었을 거라고 생각합니다. 아마 다른 나라도 마찬가지일 텐데, 앞으로 재난이나 전염병일 수도 있지만 우리가 예측하지 못한 또 다른 위기가 찾아올 수도 있잖아요. 축적할 겨를도 없이 매뉴얼이 없는 사회, 답이 없는 지금의 사회를 살아가는 데 있어서 질문하는 문화를 어떻게 만들 것인가 하는 화두를 던져주셨어요. 앞으로 이러한 사회를 위해 지금 우리가 던져야 할 질문은 무엇일까요?

나성섭 실패의 축적도 있고 성공의 축적도 있는데 보통 우리가 축적이라고 하면 성공의 축적만 생각하거든요. 그런데 실패를 통해서 성공이 이루어지잖아요. 실리콘밸리에 100개를 해야 한 개 성공한다는 이야기가 있는 것처럼요. 매뉴얼 없는 사회에서는 비판적 사고가 중요하죠. 비판적으로 생각하고 단순한 질문이 아닌 고도의 질문을 해야 해요.
코로나 팬데믹 발생 초기에 저는 개도국으로부터 많은 정책 제안 요청과 질문을 받았습니다. 그중 하나는 봉쇄lock down를 해야 할 것인가 하지 말아야 할 것인가, 봉쇄를 한다면 얼마 동안 해야 할 것인가, 어느 정도 범위에서 할 것인가라는 인도 정부의 질문이었습니다. 인도에서 코로나 확진자가 발생하기 시작한 2020년 2월에 받은 질문인데, 다른 나라의 선례나 경험을 알고 싶었던 겁니다. 당시 배경을 설명드리면, 인도의 NITI 아야고Aayog(국가경제위원회 기능을 하는 조직)는 코로나 팬데믹이 심각해지자 각 부문 최고 인재들을 모아 대책을 준비하고 있었습니다. 이때 이들 민관 전문가들은 '인도는 인구 구조상 강력한 봉쇄 정책을 택한 중국 등보다 고위험군인 고령층 인구가 적고 젊은층 인구가 많아 완전 봉쇄를 할 필요가 없다'는 판단을 하고 있었습니다. 이후 모디 총리가 직접 이들 테크노크라트들과 일주일간 코로나 대책을 위해 집중 회의를 했습니다. 이런 과정을 거치고 나온 모디 총리의 결정은 테크노크라트팀이 제안한 바와는 전혀 다른 것이었습니다. 모디 총리는 2020년 3월 24일 14억 인구의 이동을 인도 전역에 걸쳐 21일간 제한하는 엄격한 봉쇄 조치를 명했습니다. 일주일간 집중 회의를 통해 의견을 수렴한 후 모디 총리 본인이 내린 외로운 결정이었습니다. 아마 모디 총리는 이런 결정이 현재에 얼마나 유효한지, 그리고 막대한 봉쇄 비용을 대가로 미래 불확실성을 관리할 수 있을지 엄청난 고민을 했을 것입니다. 앞으로의 일에 관한 것은 어떻게 발전할지 모르니까 불확실하잖아요. 돌이켜 보면 이때 인도에서는 누구도 정답을 줄 수 없는 문제에 대한 질문을 던진 거죠.

코로나 사태 당시 인도 정부의 질문은 이런 사태를 대비해 어떤 준비를 해야 하는가에 대한 많은 시사점을 줍니다. 김길홍 박사님이 말씀하신 대로 테크노크라트, 즉 전문가에게도 함정이 있어요. 그래서 김길홍 박사님이 말씀하신 융합, 문제를 크게 보는 눈이 필요하고, 열린 마음을 가진 전문가, 배우려는 전문가, 질문할 수 있는 전문가를 키워야 합니다. 전문가가 전문가의 함정에 빠져버리면 안 되거든요.

현실적으로 많은 사회 이슈는 다제간 융·복합적 접근이 필요합니다. 여기서 또 중요한 것이 협업이고요. 큰 차원의 질문을 할 때도 내가 답을 다 찾을 필요가 없어요. 질문을 던져놓고 시작하는 거죠. 그게 바로 디자인이잖아요. 디자인 씽킹 design thinking이라는 게 답을 찾아나가는 과정, 즉 올바른 질문을 통해 더 나은 해결책을 찾아나가는 것입니다. 문제를 특정하여 이를 질문할 수 있는 능력이 이 사회디자인과 디자인 씽킹에서 중요한 핵심이죠. 보통 디자인 씽킹 관련 책을 보면 문제를 해결하는 방법으로 설명하고 있는데, 그게 아니에요.

김길홍 우리가 이번 위기에서 적용했던 대책이 다음 위기에도 그대로 통하리라는 보장이 없어요. 주어진 답에 따라서 이런 위기가 올 때 이렇게 대처해야 한다는 프레임에 빠지면 예상하지 못한 상황이 발생할 때 굉장히 위험해지는 거죠. 상황에 따라 대응할 수 있는 신축적이고 창의적인 능력을 키워야 하는데, 그 바탕이 되는 것은 문제에 대해 공감하는 능력이라고 생각합니다. 각자가 세상을 보는 시각이 제한적이고 완전하지 않다고 인정할 때 타인과의 공감능력이 생깁니다. 답을 이미 알고 있다는 전제에서 문제를 바라보고 해결책을 제시하기보다는 당사자 입장에서 열린 마음으로 문제를 바라보고 가능한 해결책을 찾아가는 과정을 통해 신축적이고 새로운 아이디어가 나올 수 있겠죠. 그런 훈련을 많이 해나가야 할 것 같습니다.

함돈균 　오늘 질문은 이 정도까지 하고 마치려고 합니다. 이 자리에 앞서 사회공론장 프로젝트 인터뷰로 모셨던 유니언신학교의 현경 교수님이 함께하셔서서 이야기를 나눠보려 합니다.

범지구적 환대와 연대의 길로 나아가기

현경 　저는 신학자로서 사람의 주체성이라든가 잘 산다는 것이 무엇인가 하는 생각을 참 많이 해왔어요. 제가 더 특화해서 생각해 온 신학이 에코페미니즘인데, 생태 환경과 페미니즘을 융합해서 만든 페미니즘으로 세상을 보는 눈이죠. 저는 그런 눈을 많이 발전시켜 왔어요. 왜냐하면 남성성이 지배했던 문화들이 여성적 원리로 변해야 한다는 생각이었기 때문이죠. 지나치게 인간 중심이었던 우리 문화가 생명 중심으로 바뀌어야 한다는 생각을 하면서 자연 억압의 방식과 여성 억압의 방식이 너무 닮았다고 보았거든요. 그래서 이를 해결해 나가는 방법 또한 비슷하리라 생각했습니다.

그런데 이에 대해 경제학자분들과 이야기하고 싶었던 게 있어요. 에코페미니스트들은 이렇게 얘기해요. 지금 우리의 문제와 지구적인 문제의 해결점은 제로 성장 내지 마이너스 성장에 있다. 그렇지 않으면 우리는 살아남을 수 없다. 이런 쪽으로 많은 이야기가 오가요. 인도의 에코페미니스트 반다나 쉬바Vandana Shiva 같은 분은 "우리는 옛날 방법으로, 토종으로, 이 지구를 상하게 하지 않는 농법으로 돌아가야 한다"고 하면서 지금 돌아가고 있는 자본주의 시스템 자체에 대해 굉장히 비판하고 있고요. 그런데 저는 지금의 상황이 신학적·은유적 표현으로 코로나 여신의 선물이라고 생각해요. 어떤 정치가와 사상가도 중단시킬 수 없었던 것을 눈에 보이지 않는 코로나바이러스가 멈춰준 거죠. 그래서 저는 여신의 선물이라고 생각해요. 힌두교에 이런 신화가 있어요. 세상이 너무 어지러워 정리가 되지 않을 때 여신이 와서 천하에 평화를 주고 간다는.

두 분 경제학자께 질문하고 싶은 건 이거예요. 코로나바이러스가 생긴 건 인간의 무한 확장 때문인 것 같거든요. 무한 생산과 무한 소비는 지구를 파괴할 수밖에 없고, 자연계를 파괴할 수밖에 없잖아요. 인간이 자연계에 너무 가까이 가면서 이런 바이러스 사태가 생긴 거거든요. 우리가 경제를 근본적으로 바꾸지 않으면 이런 일은 계속 일어날 수밖에 없을 것 같습니다. 우리의 라이프스타일을 급진적으로 바꾸지 않으면 안 된다고 생각하는 이유죠. 그래서 저는 팬데믹이 주는 경제적 교훈이 무엇인지 알고 싶어요. 저는 에코페미니스트로서 자본주의 경제를 비판했지만 두 분은 경제학자로서 그 안에서 최선을 다하고자 하셨을 것 아니에요? 도대체 이 팬데믹이 주는 경제에 대한 요구는 무엇이고, 지속가능하면서도 의미 있는 삶을 살 수 있는 경제는 무엇일까 하는 고민들이 경제 영역에서도 나오고 있는지 궁금합니다.

김길홍　굉장히 큰 질문이에요. 경제학이나 사회개발 쪽 분들도 같이 고민하는 문제입니다. 돌이켜 보면 경제적으로 지속가능한 발전이나 성장, 사회적으로 지속가능한 발전, 그리고 환경적으로도 지속가능한 발전, 이 세 가지를 이전에는 각각 따로 이야기하는 경향이 많았죠. 그러다 10여 년 전부터 경제의 지속적 발전과 사회의 지속적 발전, 환경의 지속적 발전이 따로 추구되어야 하는 것이 아니라 서로 공통분모가 있을 수 있다는 데에 초점을 맞추고 있어요. 어떻게 하면 경제도 지속가능한 길을 가면서 사회적 시스템도 유지하고 환경도 순환하고 유지될 수 있을까 하는, 이러한 공통분모를 찾아가고 있죠.

이번 코로나 사태를 겪으면서 그러한 가치에 대한 인식이 많이 늘어났다고 봅니다. 앞으로도 그런 공통분모를 찾아가는 과정에서 경제정책은 물론 사회나 환경을 다루는 분들이 서로 같이 고민하고 소통해야 하지 않을까 생각합니다. 보다 나은 세상을 만들겠다는 좋은 취지에서 하는 정책이나 행위들이라도 한쪽 면만 너무 강조하다 보면 전체적으로 재앙을 불러일으키는 결과를 만들어내는 경우가 있습니다. 아무리 좋은 목적이라 하더라도 최소한 해를 끼쳐서는 안 된다는 원칙을 지켜나가는 것이 중요합니다.

현경   우리는 연대하지 않으면 살 수 없고 가장 밑바닥에 있는 사람들을 환대하지 않고는 한 집을 이룰 수 없다고 생각합니다. 환대와 연대가 우리에게 굉장히 큰 화두예요. 저는 우리가 같이 잘살게 하는 비전을 제시하는 경제학자가 누구인지 궁금합니다. 공부해야 할 사람을 세 사람 정도 알려주시면 좋겠습니다.

나성섭   포용적 성장은 저희 같은 개발기구의 큰 화두입니다. 이를 위해선 말씀하신 바와 같이 연대와 환대가 중요합니다. 그래서 연대와 환대를 강화하기 위해 많은 노력을 하고 있으나 최근 코로나 사태 등으로 인해 전 세계적으로 극심한 빈곤이 증가하면서 빈부격차와 소득 불평등이 심화되고 있어 큰 문제입니다. 또 교육 격차 같은 사회적 불평등도 심화되고 있습니다.

예를 들어 한국의 학생들은 코로나 상황에서 학교에 못 가더라도 온라인 교육을 받을 수 있는 데 반해, 많은 개도국들은 이런 온라인 교육을 제공하지 못하고 있는 실정입니다. 많은 학생들이 학교에 가지 못하면 당장 학습활동을 할 기회를 가질 수 없습니다. 그냥 집에 있으면서 아무것도 안 해요. 운 좋은 경우 학교로부터 텍스트를 문자 메시지로 받거나 교육방송을 몇 시간 시청하는 정도입니다. 우리는 그런 걸 모르는데, 범지구적으로 보면 가진 자와 못 가진 자 간의 양극화가 더 심화된 거죠. 여기서 '가진 자'라는 의미는 부를 가진 것뿐만이 아니라 양질의 교육과 보건 서비스에 대한 접근권도 포

217

함해요. 그러면 이런 양극화를 어떻게 해야 할 것인가. 범지구적 연대와 환대가 중요합니다. 그래서 아시아개발은행의 경우 향후 교육, 보건, 사회보장 관련 지원을 강화하려고 합니다.

하지만 사실 아시아개발은행도 범세계 경제에서 봤을 때는 극히 일부에 불과하거든요. 예를 들어 세계 경제가 100조 달러라면 지금 아시아개발은행과 같은 개발기구가 할 수 있는 부분은 아주 조그만 부분이죠. 결국 시민들이(저는 국가라는 말을 잘 안 써요), 즉 너와 내가 같이 뛰어야 해요. 실은 개발기구나 정부가 하는 건 한계가 있어요. 보통 사람들이 쉽게 정부를 이야기하는데, 시민의 힘, 연대의 힘이 더 중요한 것 같아요. 이를 위해선 시민들이 생각하는 방법도 바꿔야 하고, 소통하는 방법도 바꿔야 합니다. 결국엔 컬처 엔지니어링culture engneering이 필요한 거죠.

함돈균 이 시기에 정말 적절한 말씀들이었고, 일반 언론에서도 코로나와 관련된 여러 이야기가 있었지만 그곳에서는 들을 수 없는 지혜가 많았다고 생각합니다. 중요한 사회적 자산이 오늘 인터뷰를 통해 이루어졌다고 생각합니다. 함께해주셔서 고맙습니다.

함돈균

인문학자, 문학평론가

생각을 생각하다

'좋은 생각'은 사리에 맞는 생각

PaTI×미지행 오늘은 인문학자이자 문학평론가, '미래학교' 디자이너이기
도 한 함돈균 선생님과 인터뷰를 진행하려고 합니다. 이 책의
마지막을 이 인터뷰 시리즈 기획자와 나눠보려는 것입니다.
'생각'을 훈련하고, 생각을 글로 옮기고, 생각을 발명하고, 발
명된 생각을 사회적 현실로 구현하는 실천적 삶의 길을 걸어
오셨는데요. 생각을 예리하게 벼리는 책들도 계속 써오셨잖
습니까. 자칭 '사회디자이너' '러닝디자이너'라는 말을 쓰시지
만, '생각디자이너'라고 말하는 것도 괜찮을 것 같습니다. 함
돈균에게 '좋은 생각'이란 무엇인가요?

함돈균 대답하기 쉽지 않은 질문입니다. '좋은 생각' 앞에 '좋은'이란
말이 붙어 있는데 개인마다, 시대에 따라, 어떤 문화냐에 따
라서 관점 차이가 굉장히 큰 말이기 때문입니다. '좋은 생각'
이라는 잡지도 있는데, 저는 그런 말을 들을 때마다 '좋은 생
각'이라고 하면 도덕주의적 관점으로 접근하기보다는 '사리
에 맞는' 생각이 중요하다고 보고, 사리에 맞는 생각이 무슨

뜻인지 그걸 헤아려볼 필요가 있다고 봅니다.

사리에 맞는 생각이라고 할 때 '일 사'事 자에다가 '이치 리'理 자, 이렇게 사리事理라고 쓰거든요. 좋은 생각은 사람마다 시대마다 문화마다 상대적으로 다를 수 있지만, 사리에 맞는 생각은 내 생각이 원리·이치·맥락·상황·사실 등에 적절하게 부합하는가를 따져 묻는 생각이기 때문에 보편성을 가지고 있죠. 개인적 관점을 초월해서 두루 통하는 그런 생각이라는 겁니다. 그런 차원에서 보편성, 사리에 맞는 생각을 탐구해 온 결과가 근대 사회일 것입니다. 특히 이 보편성을 근대 사회는 '과학'이라는 방법론이랄까 태도랄까 하는 것으로 만들어왔어요. 하이데거는 이런 과학적·수리적·계측적 보편성의 척도를 통해 '사리' '이치'라는 걸 드러내고 기준으로 삼는 근대 사회를 '기술 시대'라고 규정짓기도 했습니다.

문제는 이 사리에 맞는 생각을 하기가 쉽지 않다는 것입니다. 하이데거는 기술 시대로서 근대 사회에는 모든 이가 합리성의 척도를 자기 안에 '근본기분'으로서 장착하고 있다고 얘기했지만, 개개인을 보면 근대인이라고 해서 사리에 맞는 생각과 태도를 모두 가지고 있는 것은 아닙니다. 솔직히 말해서 제가 관찰해 보면 일상인의 세계에서 '사리'라고 하는 것은 오히려 예외적으로 작동하는 일이 아닐까 하는 생각이 들 때가 더 많죠.

하여튼 제가 지금 강조하고 싶은 것은 사리에 맞는 생각이라는 건 원래 '생각의 본질'하고 맞닿아 있는 것이라는 겁니다. 엄격한 의미에서 '생각'의 능동적 작동 메커니즘이라는 것은 그냥 머릿속에 떠오르는 게 아니라 어떤 주체가, 하나의 개인이 그 자신의 외부에 있는 어떤 '것'을 감지하고서 그것을 마주하는 '대상'으로 인지하게 되고, 그 대상에 대한 데이터를 가지려는 행위와 관련되는 것이죠. 그 데이터를 명확하게 판독하는 과정, 즉 바깥에 있는 대상에 대한 데이터 판독을 통해 주체는 그에 부합하는 어떤 '개념'을 갖게 되죠. 개념과 대상의 데이터 사이에 어느 정도 '일치'가 실현되어야 그 대상과 주체는 적절한 방식으로 관계하고 살 수 있습니다. 이 인지작용과 그에 부합하는 관계 형성과 실천적 태도와 판단 과정 모든 것이 '생각'입니다. 이 메커니즘에 가장 적절한 인지작용이 일어날 때 사리에 맞는 생각을 한다고 할 수 있겠죠.

PaTI×미지행 '생각'이라는 게 간단치가 않군요.

함돈균 물론입니다. 오히려 사리에 맞는 생각이란 실제 인간의 생활세계에서는 예외적으로 실현되는 이론적 이상이라고 해야 합니다. 이유는 여러 가지가 있습니다. 이 이유에 관한 관점들의 역사가 철학사이기도 하죠. 간단히 말하기는 쉽지 않지만, 우리가 사리에 맞는 생각을 하기가 쉽지 않은 것은 인간 의식이 가진 고유한 특징 때문이라고도 할 수 있습니다. 인간 의식은 외부의 대상과 마주할 때 사람과 마주하든 자연세계와 마주하든 어떤 사물과 마주하든 간에, 대상에 관한 데이터가 투명하게 인지되는 것이 아니라 개인이 가진 주관적 편견이나 선입견이나 시대의 특정한 관점이나 문화적 맥락이나 어떤 이데올로기 같은 것에 의해 필터링이 됩니다.

칸트의 문제의식대로라면 진리가 있는지도 문제가 되지만, 진리가 있다 하더라도 인간이 그것을 알 수 있는가, 나아가 설령 '안다' 하더라도 그것을 정확하게 표현할 언어를 가질 수 있는가 하는 것도 문제가 됩니다. 또 푸코 같은 철학자는 '에피스테메'*episteme*라고 해서 생각을 특정한 방식으로 질서화하는 인식론적 배치규칙 같은 게 있고, 시대마다 이 배치규칙이 전혀 다르다고도 합니다. 보편적 앎의 가능성이란 게 존재하지 않는다는 말이기도 하고, 주체의 단독적 의지나 능력으로 사실에 부합하는 앎을 실현하기 어렵다는 뜻이기도 합니다. 게다가 개인들 내부에 개별적으로 작동하는 욕망의 운동방식들이 사고에 큰 영향을 미칩니다. 프로이트는 인간이라는 존재는 사리를 따르는 게 아니라 욕망을 좇는 존재라고 말하죠. 단지 행동으로 욕망을 좇는 게 아니라 세계를 이해하고 해석하는 그 지점부터 이미 비합리적 충동이나 욕구, 트라우마 등이 핵심적으로 관여한다는 말입니다.

동일한 사물과 세상을 보더라도 그것을 각자 다르게 생각하게 만드는 인지적 왜곡이 일어나죠. 그래서 내가 가진 생각과 바깥에 있는 대상을 '실재'에 부합하게끔 한다거나 사람들 모두가 동일하게 이해한다거나 하는 '객관적' 일치는 사실 불가능하죠. 부처님은 깨달음을 얻게 될 때 547번의 전생을 모두 기억하는 숙명통, 모든 것을 다 보는 천안통, 모든 소리를 다 들을 수 있는 천이통, 타인들의 모든 생각을 다 읽을 수 있는 타심통, 잡념이 끊어진 누진통 같은 인지능력을 갖게 되었다고 하지만, 오히려 이런 얘기는 그런 능력의 현실적 불가능성을 신적 존재와 대립시킴으로써 인간의 인지적 한계를 환기시키는 것이라고 할 수도 있습니다. 그렇게 보면 사리에 맞는 보편적이고 객관적인 생각을 하기가 거의 불가능하기 때문에 프래그머티즘 같은 철학에서는 소극적 수용력을 훈련시키려고 합니다. 일정 부분 기대를 접고 들어가는 현실적 방법을 추구하는 거죠.

프래그머티즘에서는 진리를 직관하거나 알 수 없지만 비진리는 알 수 있다고 얘기해요. 이것이 맞는 것이라고 확신하기는 쉽지 않지만 뭔가 틀렸다는 것은 잘 따져보면 알 수 있다는 거죠. 수묵화에서 달을 그릴 때 바로 달을 그리기보다는 주변의 어둠을 묘사하는 방식으로 달을 어슴푸레 드러내는 화법이 있는데, 비유하자면 그런 거라고 할까요. 그러니까 사리에 맞는 생각을 바로 실현할 수 있는 것이 인간 조건에선 쉽지 않기 때문에 사리에 맞지 않는 생각이 어떤 것인가를 잘 따져보는 그런 훈련을 하는 거죠. 학문이라는 것도 실은 비진리를 직관하고 비진리를 조금씩 수정해 나가는 과정을 통해 도달하기 어렵지만 과정으로서 사리에 맞는 생각을 하는 지점에 도달하기 위한 끝없는 노력이라는 생각이 듭니다.

PaTI×미지행 바른 생각 혹은 사리에 맞는 생각을 하면서도 생각을 실천으로 옮기는 일이 어려운 것은 왜인가요?

함돈균 흔히들 지행합일, 지행일치 이런 얘길 많이 하죠. 생각을 실천으로 옮기는 것이 어려운 까닭은 여러 가지 방식으로 얘기할 수 있습니다. 오늘은 제가 강조해 얘기하고 싶은 부분에 한정해서 말씀드릴게요. 제가 '생각을 생각하다'라는 주제로 이야기를 진행 중이니 그 차원에서 얘기할 수 있지 않을까 싶어요. 생각을 실천으로 옮기기 어렵다고 얘기하는데, 그전에 실천으로 옮길 수 있는 적절한 혹은 '올바른' 생각을 하는 것 자체가 굉장히 어려운 것 같아요. 뒤집어서 얘기하면, 만약 실천하기에 적절한 방식으로 생각을 잘할 수 있다면, 그 생각 자체만으로도 이미 반 이상의 실천을 시작했다고 할 수도 있어요. 사람들은 생각이 따로 있고 실천이 따로 있고, 어떤 생각이 나온 다음에 실천이 따른다고 생각하지만, 저는 생각이 이미 실천의 반이라고 생각합니다. 일상에서 여러 가지 예를 들 수 있어요.

지하철 역사를 지나가다 보면 어떤 유명한 아이돌의 사진이 붙어 있는 걸 봅니다. 그 아이돌의 생일이라고 팬클럽이 축하의 표시로 붙인 거죠. 팬클럽의 입장에서 그건 팬클럽의 생각에 부합하는 행위, 즉 실천이죠. 그런 실천이 가능한 이유는 팬클럽의 일원들이 그 아이돌에 특별한 관심을 갖고 있기 때문이고요. 그러니까 늘 아이돌을 생각하고 있다는 그 자체가 이런 실천을 가능하게 만드는 거죠. 여기에서 이 행위의 제일 중요한 전제조건은 바로 그 생각 자체에 있습니다. 어떤 학생이 대학입시에 굉장히 골몰해 있다고 합시다. 그 학생의 집에 가보면 책장에 전부 입시 책만 꽂혀 있습니다. 시나브로 내 삶을 구성하고 있는 도구와 환경이 내 생각을 반영하고 있죠. 그런데 어떤 사람은 또 문학을 되게 좋아해요. 시를 굉장히 좋아하는 사람이 찾아다니는 곳을 보면, 출판사 같은 곳에서 열리는 시인과의 대화 행사 같은 곳입니다. 그 사람의 생각 자체가 그 사람의 삶의 공간과 시간을 규정하는 겁니다.

오늘날 기업은 사회에 큰 영향력을 미치는 주체가 되었는데 어떤 기업의 오너가 지닌 생각이나 철학에 따라 기업의 문화, 그 기업의 형태와 추구하는 방식, 일하는 방식이 완전히 달라집니다. 사회에서는 개인이 모여서 사회의 집단적인 생각을 구성하는데, 집단적인 생각을 구성했을 때 그 지배적인 생각이 결국은 어떤 정치적 선택을 가능하게 하기도 하고 사회적 여론을 형성하기도 하면서 총칼을 들지 않고도 어떤 집단의 생각 자체가 사회를 변화시킬 수 있는 가능성을 내포합니다. 그래서 하버마스라는 독일의 철학자는 우리의 관심이, 우리의 인식이 실천을 지배한다는 유명한 말을 했습니다. 다시 말해 삶의 방향성에서 제일 중요한 출발점은 그것을 그렇게 가게끔 전제하고 있는 생각의 방향과 생각의 밀도 그리고 생각을 어떻게 디자인하느냐 하는 것입니다.

공감을 위해 필요한 타자에 대한 정보와 이해

PaTI×미지행 우리 시대에 가장 필요하고 시급한 생각이 있다면 무엇일까요?

함돈균 인간의 생각의 발전 과정은 문명의 발전 과정 그 자체와 일치한다고 얘기할 수 있습니다. 앞선 질문에서 생각과 실천의 관계에 대해 말씀드리면서 생각 자체가 이미 실천을 내포한다고 했는데, 인간의 생각 발전 과정 자체가 문명을 어떻게 만들어야 하는가, 거기서 이미 문명의 형태를 규정하고 있거든요. 생각의 발전 과정 자체가 문명을 규정하고 있다고 할 때 문명이라는 건 인간의 문명이기 때문에 인간 중심적 생각에 기초하고 있어요. 이게 바로 휴머니즘이죠. 인간은 인간을 중심으로 사고하고, 인간을 중심으로 세계가 돌아간다고 여기고, 그렇게 인간 편의적인 방식으로 세계와 자연을 이해하면서 삶을 디자인해 나갑니다. 정도의 차이는 있지만 인류 역사, 인간 문명은 이런 종류의 일관된 인간의식의 방향을 일정하게 가지고 있습니다.

그런데 최근의 팬데믹이 인간의식에 굉장히 중요한 변화 계기가 되었다고 봅니다. 눈에 보이지 않는 존재에 대한 감각적 인지, 이것도 바로 생각이지요. 예전엔 눈에 보이지 않는 건 평소에 인지를 하지 않았잖아요. 시각 감각은 인식의 차원과 가장 밀접한 감각인데, 눈에 보이지 않으면 마치 존재하지 않는 것처럼 인간은 생각하고 행동합니다. 의학자나 과학자는 미생물을 인식하고 살지 모르겠지만 대부분의 인간은 그렇지 않습니다. 코로나 팬데믹은 눈에 보이지 않는 존재가 실질적으로 지구 안에 버젓이 '살고' 있다고 하는 감각을 지구의 거의 모든 사람이 일상 감각 안에서 인지하게 된 최초의 사건이라고 할 수 있습니다. 비존재라고 생각했던 어떤 것과의 접촉, 스티븐 스필버그의 〈ET〉라는 영화는 외계와의 최초의 조우를 손가락이 맞닿는 유명한 장면으로 연출했는데, 불행하게도 그런 거죠. 그런데 그 '(비)존재'가 외계인처럼 인간의 삶을 습격하거나 침공한 것이 아니라 서로 지켜줘야 하는 존재 영역 간의 룰을 인간 중심적 삶의 양식들이 매우 공격적으로 파괴하면서 발생한 것이죠.

니체는 《짜라투스트라는 이렇게 말했다》에서 '모든 것은 되돌아온다. 나로부터 비롯된 나 아닌 것들'이라는 말을 하거든요. '나로부터 비롯된 나 아닌 것들'이라는 건 나 아닌 것으로 생각했던 것인데 사실은 나로부터 비롯된 것이라는 거죠. 이유 없는 결과는 없다는 거예요. 그렇게 보면 지금 이 시점에 가장 중요하고 시급한 '생각'이 있다면, 인간에게 이익이 되는 것이 인간 외의 다른 생명체에게도 이익이 되는가 하는 질문일 겁니다. 2008년에 개봉한 〈지구가 멈추는 날〉이라는 영화가 있는데, 1950년대 영국 소설을 영화로 만들었죠. 여기서 보면 지구에 온 외계인에게 지구를 대표하는 미국 국방장관이 "당신은 인간의 친구입니까"라고 묻는 장면이 나와요. 그 외계인이 "아니, 나는 지구의 친구다"라고 대답하죠. 지금까지는 인간의 친구는 지구의 친구라고 착각하고 살았는데 '인간의 친구'와 '지구의 친구'는 같지 않다, 어쩌면 적대적일 수 있다는 각성. 그런 각성을 통해서 어떻게 전환적·문화적 삶을 인간이 만들어낼 수 있을 것인가 하는 근본적으로 새로운 생각이 필요하고 또 절박하다고 봅니다.

PaTI×미지행   시대정신으로 공감 능력을 많이 얘기합니다. 공감을 하는 데에도 생각이 필요할까요?

함돈균   공감 능력이 있어야 한다는 얘기를 정말 많이 합니다. 그런데 이런 말도 한국 사회에서는 굉장히 타성적으로 그냥 쓰는 말 같아요. 그리고 제가 한국 사회를 관찰해 보면 굉장히 감정 중심적 사회예요. '감정사회'죠. 그래서 공감 능력이 있어야 된다는 말도 감정적 차원으로 이해하는 것 같아요. 뭔가 내가 울 때 같이 울어주고 위로해 주고 하는 것. 그런데 사실은 이 공감이라고 하는 것이 이뤄지는 내적 과정을 보면, 굉장히 지적인 작용이라는 걸 알 수 있습니다.

우리가 어떤 대상에 대해 공감할 때 최소한 두 가지 요소가 있어야 하는데, 그 요소는 다 지적인 요소라고 할 수 있어요. 하나는 대상에 대한 이해를 위한 정보입니다. 생명체는 기본적으로 자기 생존 본능이 있습니다. 외부의 낯선 존재를 마주하게 됐을 때 일단 그 대상을 탐색하는 과정이 발생하거든요. 그런데 그 낯선 존재에 대한 데이터를 주체가 가지고 있지 않으면 주체는 그것을 위험 신호로 인지하고 일단 두려워하죠. 그 대상이 뭔가 나보다 강력한 힘을 가졌다고 막연히 느끼기 시작하면 공포를 넘어서서 적개심 같은 것이 발생하기도 합니다. 공포의 반대는 편안함이 아니라 실은 '정보'라고 할 수 있죠. 대상에 대한 몰이해 속에서는 절대로 공감이 발생하지 않습니다.

2018년 예멘 내전으로 인한 난민들이 우리나라에서 유일하

229

게 비자 없이 들어올 수 있는 제주도로 많이 들어왔었죠. 그 때 배운 사람이건 못 배운 사람이건 평소 진보적인 이야기를 했던 사람이건 어떤 사람이건 상관 없이 상당수의 제주도 사람들이 거기에 대해 위험하게 바라보았고, 또 한국 사회 전체가 거기에 대해서 대부분 적대적인 반응을 보였어요. 그런 현상에 대해 진보적 의식을 가진 사람들이 한국 사회의 공감 능력 부재를 한탄하는 것을 보았는데, 실은 이건 '공감' 같은 정서적 차원의 문제 이전에 지적인 문제입니다. 한국의 교육과정은 특이하게도 한국 바깥의 세계에 대해 이해를 도모하는 노력을 거의 기울이지 않아요. 말로만 글로벌이지 주변 세계에서 벌어지는 일들과 그것이 우리와 지닌 연결성에 대한 이해가 철저히 배제되어 있어요.

제가 《교육의 미래 컬처 엔지니어링》이라는 대담집을 아시아개발은행ADB의 디렉터 분들과 함께 냈습니다. 아시아개발은행은 국제기구거든요. 그분들이 입사를 위한 인터뷰를 하면 한국인 지원자들과 유럽인 지원자들의 굉장히 큰 차이가 주변 세계에 대한 관심이라고 하시더라고요. 거기서 이런 걸 물어본다는 거예요. 카자흐스탄의 대통령 이름을 아세요? 이렇게 물으면 한국인 지원자들은 전혀 예상하지 못했던 질문을 받고 크게 당황한다고 합니다. 아시아개발은행은 아시아의 저개발 국가들을 경제적으로 돕는 국제기구인데, 영어 이런 것만 열심히 하고 정작 타자에 대한 진정한 이해를 키우는 공부는 교육과정에서 거의 받지 못한 거죠.

바로 옆 나라고 엄청나게 오랜 세월 동안 관계를 맺으며 살지만 전 세계에서 일본을 이렇게 무시하는 나라가 거의 없다고 해요. 중국처럼 대단한 나라를 무시하는 나라도 없고요. 어떤 실체적 이해를 위한 객관적 데이터를 무시하는 사회죠. 그래서 그 데이터 무시의 공간을 막연한 선입견과 적대적 감정들로 채웁니다. 그러니까 먼 나라 아프리카에서 중동에서 온 사람들에 대해서는 또 얼마나 더 무지하겠습니까. 그래서 일단 두렵고 낯선 대상으로 그 사람들을 보았을 거라고 생각해요. 그런 점에서 우리가 공감 능력이 있어야 된다는 말을 정서적이고 상투적으로 되뇌이기보다는 타자를 이해하기 위한 성실한 지적 노력을 교육과정 안에 제도화하고 문화적 맥락에 도입해야 하는 거죠. 저는 그걸 '컬처 엔지니어링'이라는 이름의 책으로 냈던 것이고요.

PaTI×미지행 공감의 또 다른 요소는 무엇인가요?

함돈균 타자에 대한 정보와 정보 이해를 위한 지적 노력이 필요하다고 했는데요. 또 하나 중요한 것은 타자를 이해하는 것도 중요하지만 자기에 대한 이해도 굉장히 중요하다는 사실입니다. 타자에 대한 몰이해로 인해 타자를 두렵게 보거나 낯설게 보거나 혹은 타자를 얕잡아보는 문제가 발생하잖아요. 그래서 타자를 이해함으로써 그 타자를 우리의 눈높이와 비슷하고 지위가 비슷한 대등한 어떤 존재로 인식하는 것이 필요하다고 한 거죠.

그런데 자기 이해라고 하는 건 나르시시즘이라고 할까, 자기 중심주의라고 할까, 그런 것으로부터의 해방과 관련이 있습니다. 대부분의 인간은 나르시시즘이라고 하는, 그러니까 실제보다 자기를 굉장히 이상적으로 생각하는 경향이 있습니다. 그리고 자기를 둘러싼 구역을 공동체, 나라, 동족 등등 대단하다고 생각하는 특수성의 관점에 대부분 사로잡히게 되거든요. 자기중심주의죠. 그리고 '인간'이라고 하는 하나의 유적존재類的存在의 차원에서 보게 되면, 인간 바깥에 있는 다른 생명체나 비생명체 들에 비해 엄청나게 우월한 특권적 의식을 갖게 돼 있고요. 기독교 신화를 보면 신의 모습을 닮은 유일한 존재로서 인간이 우주에서 특권화돼 있죠. 이럴 때 자기 이해는 자신을 세계에 대한 전체 지도와 맥락 속에서 보게 하는 객관적 앎, 메타인지적 차원으로 나아가는 것을 뜻합니다. 이런 차원에서 과학 지식이 인간에 대한 메타인지, 자기 이해에 큰 도움이 되었다는 사실을 상기할 필요가 있습니다.

인류 차원에서 인간의 자기 이해에 결정적 영향을 미친 사건은 지동설 같은 거였습니다. 인간이 살고 있는 지구가 우주의 중심이 아니라는 사실. 진화론 같은 것도 마찬가지죠. 우주 속에서 지구, 만물 중에 인간의 자기 위치를 확인시키는 메타인지적 앎의 출현 같은 것이 중요합니다. 그에 기반한 자기 이해의 과정을 통해 인간은 쪼그라드는 것이 아니라 주변 존재들을 인지하고 연결성을 인지하게 되면서 좀 더 큰 차원으로 확장하고, 초월에 대한 감각과 주변 존재와의 공감을 갖게 되는 거죠.

공감은 그런 의미에서 자기에 대한 특권적 나르시시즘을 내

려놓게 되는 객관적 생각의 과정과 분리되지 않습니다. 여기에서 자기 존재의 겸허함, 다른 존재에 대한 너그러움도 생겨나죠. 개별 지식의 내용도 중요하지만 우리가 어떤 각도와 수준에서 뭔가를 인지하는가 하는 시선이 매우 중요하다는 생각이 듭니다. 그래서 공감과 관련된 질문을 받을 때마다 그것이 감정적인 문제라기보다는 굉장히 지성적인 훈련이 필요한 것이고, 그런 형태의 지적인 문화를 만드는 것이 중요하다고 말합니다.

물신주의의 소비적 욕망으로부터의 해방

PaTI×미지행 정보는 넘치지만 지혜는 오히려 더 희박해진다는 얘기를 많이 합니다. 물질과 기술은 엄청나게 발전했으나 사람들은 행복하지 않다고 합니다. 한국은 자살률이 높은 나라이기도 하고요. 이 시대의 사람들이 '바른 생각'을 점점 더 하기 어렵게 되는 특별한 요인이 있을까요?

함돈균 '바른 생각'이라는 말을 도덕주의적 입장에서 접근하고 싶지는 않습니다. 사리에 맞게끔 사고하는 것이 필요하다, 이런 관점을 저는 취한다고 했는데, 오늘날 그런 차원에서 '바른 생각'을 하는 데 있어 큰 어려움을 여러 가지 이유로 얘기할 수 있을 것 같아요.

그런데 이 얘기를 하기 위해서는 옛날에는 애초에 사람들이 '생각' 자체를 마음대로 할 수 없었다는 사실을 먼저 상기해야 할 것 같습니다. 현대 사회 이전에는 신분제가 공식화된 계급사회였거든요. 이 계급사회에서는 모든 사람이 동등한 관점에서 생각을 훈련할 수도 없었고, 생각을 자유롭게 표현하기도 어려웠습니다. 나아가 우리가 지금 얘기하는 수준의 '생각' 자체를 아예 할 필요가 없는 사람들이 숫적으로 훨씬 더 많았습니다. 그건 계급적으로 억압되기도 했지만 문화적으로도 동서양 모두 문맹률이 너무 높았던 상황과도 관련이 있고요. 또 유럽에서는 신의 말씀이 지배했다든가, 동양에서는 성인의 경전 등의 권위에 아무도 도전할 수 없었기 때문에, 그런 경전에 의한 생각의 지배, 생각의 억압이 있었기 때문에 인간 개인들이 스스로 자율적인 사고를 한다는 것 자체가 금기시돼 있었던 것도 이유라고 할 수 있습니다.

그래서 17세기의 데카르트 같은 사람은 '나는 생각한다, 고로 존재한다'고 했는데, 간단해 보이는 말이지만, '나는 생각한다', 즉 '내가' 생각한다는 말 자체가 신 중심적 세계에서 내가, 인간이 스스로의 힘으로 생각한다는 주체적 선언은 굉장히 불온하고 전복적인 명제라는 거죠. 그런데 오늘날에는 생각하지 말라고 얘기하는 사람은 없어요. 오히려 자유롭게 생각하라고 하는 것이 적어도 20세기 중반 이후의 세계에서는 보편적인 것이 되었죠. 철학자 미셸 푸코는 이런 상황을 옛날의 권력은 하지 말라고 명령했는데 오늘날의 권력은 마음대로 하라고 오히려 명령한다, 이렇게 요약하기도 했어요. 그런데 마음대로 하라고 하는데 그것이 왜 '권력'이 되는가 질문해 봐야겠죠. 이건 '생각'이 가진 어떤 효과 때문에 생기는 일 인데요. 오늘날 네 마음대로 생각하고 마음대로 행동해라, 라 고 할 때 표면적으로는 생각이 자율성을 띠고 있지만 사실은 그런 자율적 생각의 효과가 인간의 삶에 진정으로 좋은 의미 의 해방적 삶을 가져다주는가, 이런 질문을 하게 되는 거죠.

무엇보다 저는 이 시대를 유례가 없는 물신의 시대라고 생각 해요. 유례없는 대량 생산을 넘어서 유례없는 과잉 생산, 과 잉 소비 시대에 우리가 살고 있거든요. 너무나 싼 물건들이 넘쳐나고, 그것을 쉽게 살 수 있게끔 유통이 되고, 또 물건의 소모 주기가 엄청나게 빠르고, 그것을 계속 소비하라고 하는 광고의 효과가 너무나 큽니다. 말들의 타락을 봅니다. 오늘날 기업에서 얘기하는 '니즈'needs는 삶의 진정한 필요와 유리되 어 있으며, 오히려 불필요를 생산하고 소비하고 시장을 작동 시키는 용어가 되어버렸습니다.

인간의 '생각'은 지금 생각이 운동하는 영역 전체에서 '소비' 영역에 엄청나게 집중되고 함몰되어 있습니다. 생각의 자유 는 소비하고자 하는 생각, 즉 소비욕망의 무한 충동으로 극단 적으로 영토가 축소되어 있습니다. 하루종일 우리가 하는 '생 각'이라는 게 어떤 종류의 것인가 생각해 보면, 무얼 먹을 것 인가, 무슨 물건을 살 것인가, 어떻게 돈을 벌 것인가, 어떻게 부동산을 소유할 것인가 등등 어떻게 소비하고 소유할 것인 가 하는 영역에 집중되어 있습니다. '생각'을 할 수 있는 자유 와 권리는 확보되었으나 실제 생각의 운동 영역은 훨씬 더 협 소하고 무력하고 노예화되어 있죠. 오늘날 '좋은 삶'을 산다

235

는 것은 소비사회에서 가장 강력한 소비자가 되는 권능을 갖는 것으로 이해되고 있죠. 그렇다면 이런 사회에서 '좋은 생각'이란 어떤 의미로 쓰이고 있을까요.

제2차 세계대전이 끝난 다음 전 세계 특히 폐허가 된 유럽을 재건하기 위해 천문학적 재화가 투여되면서 경제 부흥이 일어나는데, 유례없는 경제 성장의 시점에 허버트 마르쿠제라고 하는 독일의 철학자가 있었습니다. 이분이 에리히 프롬이라든가 아도르노라든가 이런 철학자들과 같이 만든 곳이 프랑크푸르트 대학의 사회연구소예요. 보통 프랑크푸르트학파라고 하죠. 이분이 1950년대부터 1960년대까지 쓴 책에서 일관되게 얘기하는 주장 중에 이런 것이 있어요. 물질의 풍족함 속에서 많은 물건을 굉장히 쉽게 빨리 소유할 수 있는 그런 시대에 살게 되었는데, 지금 철학의 가장 중요한 과제는 유례없는 물질적 풍요로부터 우리가 어떻게 하면 벗어날 수 있을 것인가, 하는 것을 질문하는 것이라고 합니다. 물신주의의 소비적 욕망으로부터의 해방. 그런데 이런 얘기에 곤혹스러운 단서를 붙여요. 자신이 이야기하는 이런 철학은 대중에게 지지받을 수 없는 철학일 것이라는 거죠.

이야기가 샛길로 빠지지 않기 위해서 제가 받은 질문을 다시 한번 상기해 보죠. 저는 지금 '생각'이 처한 우리 시대의 곤혹스러움에 대해 대답하고 있습니다. 지금 이 시대에 왜 우리가 '바른 생각'을 하기가 어려운가라는 이야기죠. 물신주의라는 건 말 그대로 상품이, 물건이, 돈이 신이 되어 인간을 완전히 조종하고 지배하는 사회가 됐다는 얘기인데, 이런 사회에서는 인생의 모든 경로가 이런 경로를 좇아가게끔 기획됩니다. 이 기획은 모든 인간이 자발적으로 기획하게 되는데, 이 기획의 과정 자체가 우리 시대 '생각'의 경로이자 목표가 됩니다. 물신화에 의한 '생각'의 식민화인 거죠. 애초에 '바른 생각' 자체가 지극히 어렵습니다. '생각하는 사회는 가능한가'라는 질문에서 보자면, 세상은 말세라고 보는 게 제 솔직한 관찰입니다. 그리고 또 하나 바른 생각의 어려움과 관련해 매우 중요한 사회적 요인이 있습니다. 기술이 가진 특징, 특히 뉴미디어의 엄청난 영향력 자체가 인간의 자율적·주체적 생각 능력을 거의 불가능하게 하고 있습니다. 지금 시대를 디지털데이터가 주도하는 초연결 사회라고 하는데, 디지털 사회를 기술적으로 처음 디자인했던 사람들은 이 사회의 기술적 조건이 정보의 접근성이나 개방성을 통해 정보민주주의에 기여하고 민주주의의 미래에 기여할 것이라고 보았습니다.

그런데 지금은 그런 얘기를 하는 사람이 거의 없어요. 왜냐하면 정보의 접근성, 데이터의 무한성과 개방성이 인간의 인지 능력의 무한성과 개방성을 담보하지 않기 때문이죠. 오히려 정보의 바다 속에서 인간이 완전히 길을 잃게 되었고, 또 지금 이 초연결 사회에서 AI가 작동하는 방식은 어떤 알고리즘적 사고를 하게 만들거든요. 알고리즘이라고 하는 건 일정한 프레임 속에 유저user들을 가두고 특정한 정보를 소비할 수 있게 하는 논리적 회로를 디자인하는 방식입니다. 지금의 데이터 알고리즘을 만드는 방식이라는 것은 어떤 사람이나 취향의 공동체를 동질적 메커니즘으로 묶어서 동질화 사고를 하게 하는 경향이 있습니다. 많은 클릭 수가 있는 것, 비슷한 생각을 가진 사람들의 취향, 이런 것들을 계속 떠오르게 만들고, 그런 데이터 속에서 우리가 인생의 시간을 쏟아버리게 만드는 시간점유율을 통해 시장을 확보합니다. 데이터 알고리즘은 대체로 다양성이나 다원성이 아니라 동일성과 동질성을 강화합니다.

'가짜 뉴스' 같은 것들이 문제가 되는 것도 그런 것인데, 같은 사안을 두고서도 완전히 다른 세계의 알고리즘 속에서 정치적 성향이나 사고의 성향이 다른 세대나 집단이 데이터를 각자 공유하고 있죠. 극단적으로 강화된 동질성의 사고를 하는 이들끼리 데이터 공유를 통해 사회 전체로 보면 아이러니하게도 공동체가 되기에는 불가능한 각자도생의 생각을 하게 됩니다. 해석의 다양성이라는 차원에서 생각의 다양성이 생겨나는 것이 아니라, 다른 알고리즘으로 나뉜 동질적 데이터들의 각자 공유를 통해 애초에 다양하게 해석할 수 있는 공동의 데이터 자체가 불가능한 것입니다. 생각의 다원주의는 애초에 가능하지가 않죠. 생각의 다원주의가 불가능한 곳에서는 '공동체'가 불가능합니다.

생각의 본래성을 회복할 수 있는 장소로서의 '학교'

PaTI×미지행 새로운 학교, '미래 학교'를 만드는 일에 투신하고 있습니다. 동기가 무엇입니까?

함돈균　지금 파티PaTI라는 학교도 종래에 없었던 형태의 학교죠. 파티의 디자인 영역과는 좀 다른 영역에서 '미지행'이라는 이름의 새로운 학교를 출현시키기 위해 저희 동료들과 같이 고민하며 지금 인큐베이팅을 하는 중인데요. 새로운 학교라고 얘기하지만 오히려 원천적으로 보면 저는 '리턴 투 스쿨'return to school이라고 하고 싶어요. 그러니까 특히 한국 사회에서 지금 현행 학교라는 제도가 도입된 이래 학교라는 말에 부합하는 그런 긍정적인 의미의 학교가 있는가.

지금 우리가 '스쿨'이라는 말을 쓰는데 스쿨이라는 말은 원래 그리스어거든요. 그리스어에서 스쿨이라는 말은 '여유'라는 뜻이었다고 해요. 최초의 대학이라고, 사립학교라고 서양에서 불리는 게 플라톤의 아카데미아인데, 거기에 모여서 예술이 어떻고 에로스가 어떻고 또 윤리가 어떻고 정치가 어떻고 이런 걸 공부했거든요. 또 기하학을 모르는 자는 여기에 들어오지 말라, 이런 게 붙어 있었다고도 하는데, 일반적인 산수하고 달리 기하학은 당장 쓸 수 있는 쓸모하고는 별개로 어떤 원리를 탐구하는 것이었죠. 여유가 있을 때 할 수 있는 일이에요. 그런데 그 여유가 있을 때만 가능한 것을 바로 그 '학교'에서 실제로 한 것이거든요. 우리는 실용적인 것은 다루지 않는다. 이것이 학교라는 제도를 처음 만들었던 사람들의 원래 '생각'이었던 듯합니다.

동양이나 서양이나 어느 시대에서나 사회의 권력자들은 학교라는 제도를 두려워했어요. 달가워하지 않았습니다. 왜냐하면 당장 써먹을 수 있는 단순한 생각만 하게 하는 것이 지배자들에게 좋거든요. 또 그걸 통해 어떤 생존에 아주 몰입해서 딴생각을 못하게 하는 것이 그들에게는 좋은 거거든요.

그런데 학교라고 하는 제도는 어떻게 실현됐든 간에 동양이든 서양이든 참된 게 어떤 거냐, 정의가 어떤 거냐, 진짜 아름다운 게 어떤 거냐, 좋은 삶이 어떤 거냐, 이런 것을 따지게 마련이죠. 그래서 거기에서는 반드시 지금 존재하는 이 현실을 그 여유로운 생각을 통해서만 도달할 수 있는 어떤 이상적 형태와 계속 견주어 보면서 이 둘 사이에 왜 이런 간극이 있는가, 우리가 생각하는 좋은 삶의 유토피아와 지금 현실은 왜 이렇게 차이가 있는가, 하는 것들을 자꾸 질문하게 되거든요. '진짜 생각' '찐생각'을 하게 되는 공간인 거죠.

그래서 기본적으로 학교는 그 '여유'라고 하는 것 자체가 불안하고 전복적입니다. 학교의 이상에는 그 자체로 '찐생각'으로서 '질문'을 하는 곳이어야 한다는 이상이 있어요. 그런 관점에서 보면 한국 사회에 과연 학교라고 하는 것이 있었는가, 그리고 지금은 학생들도 본래 학교의 이상을 원하지 않는 사회에 온 것은 아닌가, 하는 생각을 하게 되었고, 그렇다면 어떻게 '생각'의 본래성을 회복할 수 있는 장소가 출현할 수 있는가, '학교'를 어떻게 디자인해야 그런 일이 가능한가, 하는 문제가 저에게는 굉장히 중요한 질문이었습니다.

PaTI×미지행 미래 학교, 미래 교육에 있어서 가장 중요한 앎의 요소나 방향이 있다면 무엇일까요?

함돈균 　미래 학교 디자인은 전 세계적 관심사입니다. 그런데 한국에서는 소위 '진보정부'가 집권해도 입시교육 시스템에는 별 변화가 없습니다. 그러면서 일종의 문명적 추세 같은 것은 따라야 하기 때문에 교육부나 교육청에서 약간의 제스처를 하는 정도라고 보여지는데요. 제가 보기에는 대체로 산업시장 체제의 혁명적 변화에 대한 필요를 반영하는 관심이거나 대대적인 기술사회로의 변화에 들어맞는 관점을 수용하는 방향입니다. 시장주의적 접근이거나 기술주의적 접근이죠. 이런 부분은 현실에서 일정하게 불가피한 면이 있기 때문에 부정하기는 어렵고, 부정한다고 되는 것도 아니죠. 문제는 시장과 기술이 아니라 '시장주의'와 '기술주의'며, 교육을 통해 이루려는 인간상이 무엇인지, 사회가 어떤 것인지에 대한 비전이 부재하거나 잘못되었다는 것입니다.

지금까지 하던 대로 말씀드린다면, '학교'에서 어떤 '생각'이 일어나야 하는지에 대한 인문적 사고와 철학이 한국의 공교육제도와 관료사회에는 충분치 않은 것 같습니다. 국가 공공교육의 장에 한정해 보자면, 사실 이 영역이 핵심이 될 텐데요, 미래 학교에서 이루어져야 할 '생각'의 핵심은 미래 사회 삶의 조건에 대한 비판적 성찰과 그를 통한 시티즌십citizenship 형성을 가능하게 하는 '생각 커리큘럼'입니다.

비판적 사고력, 억압되지 않은 삶, 공존의 시민성, 자기다움에 근거한 일 수행 능력, 참다운 사회적 커뮤니케이션 능력 등을 학교에서 키워줘야 합니다. 그런데 여기에서 중요한 것은 문명이 처한 거대한 전환의 시그널을 적극적으로 받아들이는 방향에서 이 모든 것이 진행되어야 한다는 것입니다. 그 것은 두말할 것도 없이 팬데믹, 기후위기 등으로 뚜렷하게 상 징되는 문명의 몰락, 인류의 절멸 상황에 대한 명확한 인지와 이를 준비하는 새로운 배움입니다.

시장주의와 기술주의에 잠식된 미디어와 관료제 국가는 '미래'를 이 관점에서 선전하고 있지만, 인문적 관점에서 보자면 '미래'는 휴머니즘에 기반한 서구적 모더니티의 몰락이라는 측면에서 읽어낼 수도 있습니다. 미래 학교, 미래 교육은 현대 문명의 몰락을 '객관적으로' 비판적으로 인지하고 다음 시대를 준비하는 전환적 관점, 휴머니즘 너머를 생각하는 패러다임 전환이 반드시 장착되어야 합니다.

PaTI×미지행 인문학은 미래 교육에 있어 어떤 역할을 할 수 있거나, 해야 한다고 보시는지요?

함돈균 인문학이라는 게 굉장히 포괄적이기 때문에 여러 가지 말씀을 드릴 수 있을 것 같은데, 간단히 생각을 밝히고자 합니다. 제가 인문학에서 배운 가장 중요한 것은 지식이 아니라 어떤 태도나 관점 같은 것인데, 그것은 삶과 세계에 대한 복수성, 전체성 등을 중시한다는 것과 어떤 식으로든 삶에 있어 심미적 측면을 중요하게 생각한다는 것입니다.

삶의 복수성이라고 하는 것은 빛만 보는 게 아니라 그늘도 보는 거예요. 어둠도 보는 거죠. 삶을 구성하는 여러 요소들에 대한 360도의 관점을 갖는 것이 인문적 관점이라고 할 수 있어요. 또 이런 연장선상에서 전체성이라는 것은 어떤 사안을 부분적이고 파편적으로 보기보다는 종합적 관점을 취하는 것이죠. 그런데 복수성과 전체성을 가지려면 삶이 지닌 모호함을 받아들여야 하기도 하고, 사태에 대해 단선적이고 즉각적인 입장을 취하기보다는 선입견에 의존하지 않는 판단중지적 태도를 가져야 합니다. 저는 이런 인문학적 관점이랄까 태도들이 파편적 정보와 즉각적 충동들, 좁고 부분적이며 동일성의 알고리즘적 시각에 의존하는 정보홍수 시대에 인간 주체가 자기를 지킬 수 있는 필수적이며 마지막 보루 같은 능력이 되지 않을까 생각해요. 기술주의와 시장만능 사회에서 인간의 자기 존엄 같은 표지인 거죠. 물론 이런 관점과 태도는 부분적 기능보다는 전체적 시야를 통한 편집 능력, 큐레이팅 능력, 커뮤니케이션과 협업 능력이 훨씬 더 강조되는 미래 사회에 필요한 능력이기도 할 것입니다.

또 심미성 같은 것도 단순한 취향이나 기능적 측면이라기보다는 인간과 사회의 정신적 품위 같은 것과 밀접한 관련이 있을 것이고, 미디어를 동원한 군중 폭력, 시장주의 파시즘이 극단화되어 가는 상황에서 이 상황을 중화시키는 더욱 필수적인 감각이 되지 않을까 싶습니다. 심미성은 상투성에서는 절대 나오지 않습니다. 심미성에는 상투성에 대한 저항, 자동적인 사고에 대한 질문의 요소가 깃들어 있어요. 개별적 경험에 대한 인문학의 존중 역시 극히 중요한 미래 교육의 요소가 될 수 있을 것입니다. 이 얘기를 자세히 하기는 어렵지만 이제는 모든 것이 '디자인'이라는 말로 표현되죠. 디자이너 중에 '경험디자이너'라는 명함을 쓰는 사람들이 많아졌죠. 예전에는 없던 영역입니다. 그런데 경험을 어떻게 디자인할 수 있을까요? 인간의 경험을 촘촘히 예민하게 관찰하고 읽어내고 기록하고 쓸 수밖에 없을 겁니다. 그런데 이러한 일은 실은 인문학의 본영에 해당하는 일이죠. 아마 이런 사례는 예를 들자면 굉장히 많을 겁니다.

그런데 제가 이즈음에서 '인문학'을 얘기할 때 정말 더 강조하고 싶은 것은, 지금까지의 인문학이 갖는 뚜렷한 한계를 자각하고 인문학의 대대적 갱신이 일어나야 할 것이라는 얘기입니다. 벨기에의 학자 벵시안 데스프레는 미래철학의 과제가 인간을 바라보는 동물의 응시에 대해, 그들이 인간을 어떻게 생각하고 있는지, 그들이 생각하는 방법을 배우는 일이라고 합니다. 인문학의 '사람 인ㅅ' 자를 넘어서 '지구인'이 되는 방법을 공부하는 것이 인문학이 되어야 한다는 것이죠. 이런 관점의 인문학은 그 자체로 '지구인학' '미래학'이 되겠죠.

문학은 가장 강력한 생각훈련법

PaTI×미지행 문학을 전공했고 아주 많은 문학적 글쓰기를 해온 평론가이신데, 문학이 생각-앎에 대해 특별한 역할을 수행할 수 있다면 어떤 요소라고 생각하시는지요?

함돈균 제 인생에서 가장 오랜 시간 동안 해온 일이 문학을 공부하고 문학에 대해 생각하는 것이었습니다. 또 제가 가진 어떤 철학적 관점, 오늘 생각에 대해 얘기할 때에도 제 이 '생각'의 바탕에 문학이 가장 강력한 어떤 툴^{tool}을 제공하고 있죠. 이 지점에서 생각해 보면 문학이라고 하는 것이 가진 독특한 '생각' 방법이 있다고 봅니다. 우리가 자연과학적인 방식으로 생각을 훈련할 수도 있고, 또 아주 순수한 의미에서 어떤 철학적인 사고를 해볼 수도 있고, 또 어떤 경제합리성이라는 관점에서 생각을 만들어나갈 수도 있는데, 문학이 생각에 기여하는 아주 큰 지점들은 그런 어떤 형태의 지식이나 앎, 관점이 세상에 제공하는 것과는 굉장히 형태가 다른 것 같아요. 그런 앎들은 대체로 그 방향성이 '구심력'이 강한 데에 비해 문학은 '원심력'에 가까운 생각을 통해 세상을 보게 만들 거든요. 구심력은 응집성이 있기 때문에 굉장히 강력하죠. 그렇기 때문에 이 강력한 것을 통해 현실을 돌파하고 변화시켜 나갈 수 있게 해요. 또 시스템을 유지하는 데에도 강력한 힘을 발휘하죠. 그런데 이 원심력적인 생각은 응집성이 있는 게 아니라 바깥으로 흩어지는 것이기 때문에 시스템에 크랙을 만들어 내고 이 시스템이 유일한 시스템이 아니라 다른 시스템이 있을 수 있다라고 하는 삶의 다른 가능성, 개방성을 만들어내는 데 도움이 되는 것 같아요.

제가 오늘 인간중심주의에 대해 얘기했는데, 인간중심주의에서 높이 찬양받고 평가받는 말 중에 '주체성'이라는 게 있습니다. 그러니까 '주체성'이라는 말을 나쁘게 쓰는 경우가 별로 없어요. 교육의 목표도 주체성 있는 인간이 되어야 한다

245

고 하고, 정치에서도 주체성을 강조하죠. 심지어 조선민주주의인민공화국에는 '주체사상'이라는 게 있거든요. 거기에서는 자기 사회의 최고 인간형을 '주체적 인간'으로 규정하죠. 물론 그 주체적인 인간을 구성하는 요소들이 우리 관점과 다를 수는 있어요.

주체성이 있다는 건 어디에서나 환영받는 말이고, 모더니티를 얘기할 때 현대성의 핵심으로도 '주체'를 얘기합니다. 철학에서는 데카르트적 인간형을 '주체'의 탄생이라고 얘기하고요. 주체가 된다는 말은 한 인간 존재가 자기 내부에 강력한 응집력을 갖고 독립적 '개체'로 세상과 만나 자기 의지를 현실에 구현할 수 있는 어떤 존재가 된다는 뜻이죠. 그리고 그런 독립성과 의지와 실천성을 갖기 위해서는 '생각'하는 능력이 굉장히 중요하기 때문에 주체적 인간이 된다는 것은 합리적이고 이성적이고 지성적인 인간이 된다는 말과 같은 뜻이 됩니다.

그런데 문제는 인간이 그런 주체성을 구성하려고 할 때, 그 주체성이 바깥으로 드러날 정도가 되기 위해서는 그 개인 안에 희생되는 요소가 굉장히 많다는 사실입니다. 주체적 인간이 되기 위해 바깥과의 어떤 차별화, 스스로 자기를 독립시키기 위해 대립각을 세우는 자기 세우기가 불가피하거든요. 제가 지금 어떤 일관적인 어조와 논리를 통해 제 의견을 전달하는데, 그러기 위해 저는 제 생각의 논리적 구조를 굉장히 꼿꼿하게 세우죠. 그 과정의 회로를 따라서 지금 대본도 없이 계속 말하기는 하지만, 이 지성의 회로를 꼿꼿이 세우고 따르기 위해 웃는 얼굴로 얘기하기란 쉽지 않습니다. 생각을 꼿꼿하게 유지한다는 것은 자기를 느슨하게 이완시키기 어렵다는 뜻이고, 긴장한다는 뜻입니다. 긴장하지 않으면 '주체성'은 잘 만들어지지 않습니다.

이 주체성은 그래서 기본적으로 어떤 사회적 페르소나를 쓰고 있어요. 사회적 페르소나를 쓴다고 하는 건 세상과 내가 마주할 때 내 진짜 얼굴을 보여주는 것이 아니라 이 세계를 의식한 채 내 얼굴을 어떤 일정한 형태로 유지해야 하는 거죠. 이 형태를 유지하면서 이런 인터뷰를 한 후에는 집에 들어가는 순간 얼굴에 힘이 쫙 빠지고 옷을 벗고 나면 완전히 늘어지게 돼요. 이 늘어진 상태는 제가 세상에 보여줄 수 없는 어떤 몸의 모양이고 얼굴의 모양이고, 그것은 주체성이 이완된 상태, 주체성을 별로 가질 필요가 없는 상태죠.

인간의 얼굴에는 이렇게 사회적 얼굴과 자기 방에서의 얼굴 혹은 그 이상의 얼굴이 있습니다. 최인훈식으로 얘기하면 광장에서의 인간과 개인의 밀실인 방에서의 얼굴이 다르죠. 문학은 어떤 주체가 되기 위해 사회적으로 써야 하는 마스크가 그 인간의 유일한 마스크가 아니라 '하나의' 사회적 마스크다, 그리고 그는 집에 가서 다른 얼굴을 쓸 수밖에 없다, 라고 하는 인간의 다면성을 알려주는 '앎'의 훈련 장치입니다.

PaTI×미지행 시詩도 그런 관점에서 볼 수 있나요?

함돈균 그 대표적인 것이 바로 시죠. 시에도 종류가 여러 가지 있기는 합니다. 예컨대 사회적인 메시지를 강조하는 시들이 있어요. 대체로 사회적 메시지를 직접적으로 드러내는 시들은 보통 작가가 사회적 마스크를 쓰게 되는데, 제가 보기에 시의 역사에서 정말 좋은 시는 그런 노골적인 페르소나를 쓴 시들에서는 많지 않습니다. 아니 거의 없는 것 같아요. 진짜 좋은 시는 작가가 자기 자신에 대해서 자기도 인지하지 못한 자기의 내면을, 초현실주의자들은 무의식이라고 얘기하기도 했는데, 그 무의식을 주인공으로 삼은 그런 시들이에요. 시 속에 시인 자신도 모르는 얼굴의 발견이 일어나고, 또 그것을 읽는 독자는 인간의 얼굴에 이런 것이 있구나 하는 '앎'을 발견하는 거죠. 인간 얼굴의 복합성을 보게 만드는, 그것에 의해 삶의 신비를 이해하기도 하고, 그런 사람들이 모여 있는 사회의 심층을 이해하게도 되고, 그런 이해를 통해 우리가 어떤 너그러움을 갖게 되는 것도 같은 앎의 영역이죠. 이런 영역은 자기도 모르는 생각, 자기도 모르는 얼굴, 자기도 제어하지 못하는 생각이라는 점에서 '주체성'의 영역이 아닙니다. 문학은 주체성의 너머 또는 이전 또는 심층을 보여준다는 점에서 생각의 미지, 미지의 생각과 관련이 있어요.

또 하나 '생각' '앎'의 문제와 관련해 문학만의 특별한 형식이 있습니다. 뭔가 수수께끼 형식을 통해 실은 가장 먼 곳의 앎으로 나아가는 것이죠. 문학에서는 '그로테스크'라는 게 있는데요, 뭔가 해석이 잘 안 되는 이상한 문학을 얘기해요. 예를 들어볼까요. 편혜영이라는 작가가 쓴 〈사육장 쪽으로〉라는 단편소설이 있어요. 신혼부부의 아침 장면으로 시작하는데,

부인이 아이를 안고 남편을 배웅나가요. 그런데 어디에서 난데없이 개 한 마리가 달려들어 이 갓난아기의 목을 막 물어뜯습니다. 일상의 안온했던 세계가 혼비백산의 지옥이 되는 이야기예요. 그 패닉 상황 자체를 묘사하면서 소설은 그냥 끝나버립니다. 이런 소설을 그로테스크 소설이라고 할 수 있습니다. 이게 도대체 무슨 얘기지? 수수께끼로 끝납니다. 독자도, 어쩌면 작가도 잘 모르는 얘기를 담지. 알프레드 히치콕 감독의 〈새〉 같은 영화를 보면 평온한 일상에서 갑자기 새들이 인간을 막 공격합니다. 새가 왜 인간을 공격하는지 이유는 나오지도 않고 영화가 끝나요. 이런 게 그로테스크죠.

그런데 문학을 공부하다 보면 왜 그런 그로테스크가 발생하는지에 대해서 보통 사람들이 그런 상황을 이해하는 것보다 이해가 좀 넓어질 수 있어요. 〈사육장 쪽으로〉라는 소설은 자세한 스토리 없이 혼비백산하는 패닉 상황만 보여주다 소설의 마지막 문장이 "사방에서 개 짖는 소리가 들려왔다", 이렇게 끝나거든요. 사방에서 개 짖는 소리가 들려왔다는 얘기는 이 소설 제목이 '사육장 쪽으로'이니 그 부부 집 주변에 개 사육장이 있었다고 추측할 수 있는 거죠. 그 개들은 아마 보신탕집으로 가는 개일 겁니다. 그 사육장에서 개 한 마리가 탈출했다고 볼 수 있고요. 이 소설은 휴머니즘적 관점, 인간중심적 관점에서 보면 이해할 수 없는 얘기지만, 개의 관점에서 보면 인간에 대한 정당한 공격이 됩니다. 그러니까 이러한 문학은 인간중심적 관점에서는 이해할 수 없는 이야기를 그 관점에서 벗어남으로써 이해할 수 있는 앎의 확장, 생각의 전환을 제공합니다.

문학은 미지를 통해 가장 먼 곳, 먼 시간, 미래의 앎, 미래의 생각을 미리 당겨 각성하게 하는 기제라고 할 수 있죠. 조르쥬 바타이유라고 하는 작가가 1950년대에 '어떻게 인간적 상황을 벗어날 것인가'라는 유명한 강의를 했는데(같은 제목의 책으로도 펴냈어요), 문학은 그런 새로운 각성을 하는 기제이자 생각의 방법론입니다. 제가 오늘 미래 교육과 미래 학교에 대한 이야기를 조금 했는데, 문학은 그런 차원에서도 가장 강력한 생각훈련법입니다.

공론장 프로젝트:

생각을 건너는 생각

초판 1쇄 발행 2023년 2월 9일

지은이   함돈균 외
펴낸곳   이상북스
펴낸이   김영미
출판등록   제313-2009-7호(2009년 1월 13일)
주소   10546 경기도 고양시 덕양구 향기로 30, 106-1004
전화번호   02-6082-2562
팩스   02-3144-2562
이메일   klaff@hanmail.net

ISBN   979-11-980260-1-9   03300